大是文化

費曼學習法，我這樣考上清華

費曼是美國物理學家，47歲就獲諾貝爾獎。但他的智商就是中等偏上而已。這麼厲害的成就，源於他**特殊的學習法**。

能把各種學渣輔導成學霸，
微博粉絲數近百萬的教育博主
張增強（寫書哥）◎著

目錄

第3章

讀書不能看起來很努力，有技巧才有自信

第4章

不想讀和不會讀，你是哪一種？

第5章

人難免分心，用一點壓力拉回專注力

第6章

我有認真聽，還是沒有懂？

第7章

利用費曼學習法加強讀寫基礎

第8章

臨場考試高分祕笈，我這樣上清華

內容提要

本書致力於讓更多學生從費曼學習法中受益。全書共分為八章，既講述費曼學習法的內涵，也以此為核心，結合「缺乏自信與主動性」、「學習效率低」、「記憶有難度」、「考試怯場」等常見問題，針對預習、複習、自學、聽課、做習題、閱讀、寫作、記憶、錯題分析、應考等，提供實用有效的指導，全面提升學習效率和成績。

推薦語

豈止是準備考試的能力

雖然一〇八課綱一再強調：素養大於知識，歷程大於考試。但應該所有家長都會同意，「準備考試的能力」仍是順利升學的關鍵。《別鬧了，費曼先生》（*Surely You're Joking, Mr. Feynman!: Adventures of a Curious Character*）中文版上市時，我已經上大學，但回顧求學過程，我準備考試的方法，跟費曼的主張以及作者的方法，居然非常相似。這些方法有用嗎？有的，因為我當年也是這樣準備考試。

除了方法，作者還提到很多學生應有的「心法」，當年因為身邊沒有人能討論，我只能自己摸索。現在作者把它寫出來了，我覺得相當好。建議正在辛苦打拚課業的孩子，可以看看這本書。就算只執行裡面的一句話，也會有很大的效果。

「姚侑廷的自學筆記」粉專版主／姚侑廷

我們對費曼學習法的概念多半停留在「以教為學」，但這本書分享了更多費曼的學習經驗，並旁徵博引許多學習相關書籍，加上作者個人的學習歷程，提供包括強化記憶、對抗拖延、時間管理、考試技巧等具體的操作步驟和方法。適合正在升學階段的孩子們，學會高效的方法，啟動學習的飛輪，讓讀書事半功倍。

「館長小編的圖書館日常」粉專版主／彭冠綸

費曼學習法是以「輸出」為前提的「輸入」，是一種高效率、高產值的學習方法，也是我在閱讀與寫作上實際採行的做法，讓我受益良多。作者在此書以其豐富的教育工作經驗，加上精采生動的自我學習歷程作為實例解析，提供了費曼學習法極佳的入門引導，值得推薦！

《內在原力》作者、TMBA共同創辦人／愛瑞克回想自己大學時期「社會統計」被當，成為教職之後卻是教「教育統計」，如此諷刺的峰迴路轉，其實都是拜費曼學習法所賜，以教學（輸出）代替學習（輸入）絕對是關鍵。

《費曼學習法，我這樣考上清華》與其他的費曼相關書籍很不一樣，除了費曼學習那四大步驟以外，還包括學霸所擁有的讀書技巧、調整情緒方法、閱讀及寫作技巧、提高考試成績的方法，絕對是苦於學習費力耗時的人該閱讀和學習的好書。

中原大學教育研究所副教授／簡志峰

作者序
迷信天賦，不如找對方法

從小學到中學，我始終是「別人家的孩子」（按：指比同齡人更優秀，會被家長拿來比較的對象），是「一百分種子選手」、「校排第一專業戶」，我也曾沾沾自喜：「沒辦法，我這麼聰明，學什麼都快！」可是後來遇到的兩件事，讓我發現事情沒那麼簡單。

第一件事：我弟弟的故事

弟弟比我小三歲，同樣的爸爸、媽媽、學校、老師，最後我考上了清華大學，你猜猜弟弟考到了哪裡？

1. 北京大學。

2. 天津大學。
3. 浙江工商大學。
4. 新東方烹飪學校。

你一定猜不到，我弟弟只讀到小學四年級，連小學畢業證書都沒拿到，就去務農了。我們倆的求學路徑頗為相似，為什麼在結果上有這麼大的差別？

第二件事：高中同學的故事

我常常考校排第一，而坐我旁邊的同學在班上成績中等，不上不下。有一天我突發奇想：暗自和他比賽，看誰先寫完功課。起點是一樣的，因為我們都是剛上完課，然後一起做習題，你猜結果怎麼樣？他做得又快又好，讓我大吃一驚，比我厲害多了。

這是偶然還是必然？難道他是隱藏的高手？後來我特別留意他，發現每次上完課做習題時，他都做得比我快。

但是到考試時，他的成績又恢復到中等水準，不上不下。抱著好奇心，我又觀察他好久，終於解開了其中的祕密。

1. 不複習。老師講完課，他憑著短暫記憶能快速完成功課，但是過了兩天，就忘得差不多了。這是記憶曲線在發揮作用，大家看看下面這張圖。

這個同學做完作業很少複習，而我每次上完課，都會反覆琢磨題目的解法，晚上睡覺前還要再想一遍，把它真正記進腦子裡。

2. 不死磕（按：指未達目的絕不罷休）。他沉醉於拚命做習題，追求數量而不是品質，每做完一張試卷就心滿意足的休息，但是錯過的題目下次還是會錯。

而我會用最快的時間搞定會做的題目，然後集中精力弄懂難度高的題目。死磕難題是很痛苦的，但做出來後的成就感無與倫比。

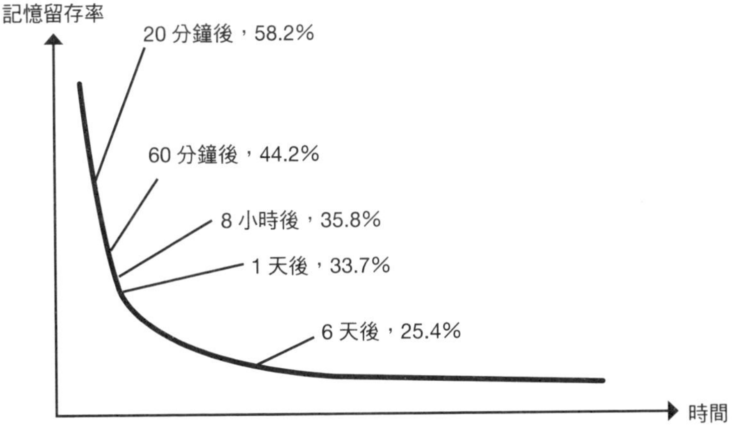

3. 手太懶。**我的同學很聰明，但是他每次考試時，都是直接把答案寫在考卷上，很少用試算紙。**

他做習題很隨意、很潦草，導致長期在簡單的題目上丟掉分數，每次他都一拍大腿說：「唉，大意了！」偶爾大意一次可以原諒，每次都大意就該重視了。

4. 字太亂。**同學的字很飄逸，飄逸到連老師都看不懂。**每次考試前他都和我說，要開始認真起來，但是他平時寫作業散漫慣了，正式考試時根本糾正不過來。最詭異的一次是，他竟然把選擇題的 B 寫得像 D，被老師判錯。他還厚著臉找老師說：「我選的是 B 啊。」

5. 看答案。一百五十分的考卷，他只能考到一百分，照理說答錯很多，可是他每次都不管，直接看答案然後恍然大悟：「啊！就差這麼一點，我懂啦。」

實際上，**下次再遇到類似的題目時，他照樣掉入陷阱。因為看答案的懂，和自己做出來的懂，完全不同，一個是被動接受，另一個是主動解答。**

這兩個故事讓我明白，「智商」只是影響學習效果的因素之一，但不是決定因素，真正的決定因素是學習心態、學習習慣、記憶方法，而這些都可以後天培養。

還有一個錯誤認知是，很多人誤解了「努力」兩個字。每個班級裡都有認真聽課、做筆記、寫功課的學生，可是這些學生中，有一部分人的成績始終不理想，原因在於他們努力的方向錯了，總是悶頭做習題，而沒有找到高效學習的方法。正是因為這樣的學生太多了，我把自己的體會放上網路才會大受歡迎。

費曼學習法，解決四大常見讀書問題

後來我看了很多腦科學、記憶力相關的書，發現很多書中提到的學習技巧，物理學家理察·費曼（Richard P. Feynman）在一百年前就已經在使用了。費曼是諾貝爾獎得獎者，也是微軟公司創始人比爾·蓋茲（Bill Gates）及蘋果公司創始人賈伯斯（Steve Jobs）的偶像。

費曼寫了一本有趣的自傳——《別鬧了，費曼先生：科學頑童的故事》，裡面講了很多他的趣事，閱讀這本書後，我能體會到他是如何探索未知世界的。本書會穿插分享他的小故事，讓你感受更深刻。

本書主要解決如下問題。

● **每天都很努力，但成績始終不上不下**。究其原因，就是光顧著做題目，忘記了檢視錯誤。我上高中時，極其重視課本上的基礎題，會針對一道題，反覆琢磨其中的思路、重點，然後舉一反三，把類似的題目研究透澈。

這是費曼學習法的核心，就像圍棋冠軍只有一部分的時間用於下棋，剩下的時間用於打譜（按：把記錄一盤棋從第一步到最後一步的棋譜內容擺在棋盤上，從頭研究一遍）和複盤（按：把下過的棋局再重複一遍）。如果只做習題、不檢討，就相當於狗熊掰玉米（按：中國俗諺），撿一個丟一個。

● **喜歡與眾不同，研究偏題、怪題**。成績中等的人應該跟著考試大綱走，而且很多補充講義上都有重點分析，搞定出現頻率高的重點，確保百分之百得分，會比把時間花在偏題、怪題的效率高得多。

高中三年，學生的時間、精力有限，要有策略的複習，確保基礎分數不丟。

● **不會聽課，浪費了大量上課時間**。「認真聽講」對於一部分學生來說很困難。為什麼？因為聽不懂。儘管老師講得滔滔不絕，但他們就像在聽天書一樣，這時候即使再認真也是白搭，不如自己加強研究。

● **情緒不穩定，導致學習效率低下**。很多學生容易情緒化，考試成績好時，便認為自己無所不能，洋洋自得；考壞時，便覺得自己糟透了，一無是處，然後拚命念書，甚至熬夜到凌晨一、兩點。

這兩種情況都要不得。考得好可以開心一下，考得不好也可以懊惱一下，但最重要的是檢討經驗，用更飽滿的精神迎接新的一天。

只要你按照書中的方法做，就能改善自己的學習效果！

第 1 章

把別人教會，證明你真的會

很多名人非常崇拜費曼的學習能力，
包括蘋果創始人賈伯斯、
谷歌創始人賴利・佩吉（Larry Page）、
微軟創始人比爾・蓋茲。

1 費曼的智商，不算低但也不高

費曼學習法，與其說是一種方法，不如說是一種思維，其核心是從輸出反過來推動輸入，透過輸入來幫助輸出。輸入通常不會自動發生，就算人們主觀上有輸入的意願，但如果沒有輸出的壓力，輸入的效率也會大打折扣。

費曼是誰？世上第一個提出奈米的人

理察．費曼是美國著名的物理學家，一九一八年出生在美國紐約皇后區的一個小鎮上，父親是一名服裝推銷員。

一九六五年，費曼憑藉量子力學方面的研究成果，獲得了諾貝爾物理學獎。他被認為是繼阿爾伯特．愛因斯坦（Albert Einstein）之後最睿智的物理學家，也是世界上第一個提出奈米（nano）概念的人。

除了在量子力學方面有重要貢獻之外，費曼還建立了解釋液態氦超流體（按：不具有任何黏滯性的流體）現象的數學理論；和默里．蓋爾曼（Murray Gell-Mann）奠定了弱核力（按：自然界中物質之間最基本的四種交互作用之一，其餘三種為電磁力、強核力、萬有引力，至今所有關於物質的物理現象，在物理學中都可以這四種機制解釋）領域的基礎，例如：β 衰變方面；透過提出高能質子碰撞過程的層子（按：又稱為夸克〔quark〕，目前已知構成物質的最小基本粒子）模型，幫助促進夸克理論的發展。

費曼在十幾歲時就自學微積分，二十四歲被選入曼哈頓計畫（按：二次大戰期間由美國、英國、加拿大共同進行的核武軍事計畫），參與原子彈的研發。

他很喜歡用一般人聽得懂的話，向別人傳授物理知識，而且風趣幽默的授課風格，很受學生們的歡迎，他的課堂總是座無虛席。

費曼在中小學科學教育領域，同樣有巨大貢獻。他在加州理工學院（California Institute of Technology）任教期間，進入了加州課程編寫委員會，負責審定和修改中小學所用的教材。他曾在一九六六年全美科學教師協會的演講中強調，中小學生應該學會像科學家一樣思考，放開心胸、充滿好奇，勇於提出自己的問題和質疑。

美國著名的數學物理學家弗里曼．戴森（Freeman Dyson）一開始對費曼的評價是「一半是天才，一半是滑稽演員」，後來他修正為「是個完全的天才，也是完全的滑稽演員」。

費曼的成就並不限於物理學，他晚年沉醉於繪畫，透過繪畫來表達自然之美，畫作曾被匿名賣出很高的價格；他還在巴西國家級森巴舞遊行上，表演森巴鼓。

費曼擁有如此輝煌的人生成就，你可能認為他或許是個天才，智商應該高到普通人無法企及吧？實際上並非如此，曾有紀錄顯示，費曼的智商只有一百二十出頭。這個智商雖然不算低，但也絕不算高，大約屬於中等偏上的水準。

那他是怎麼擁有這些成就的？

祕訣是他有一套獨特的學習方法，讓他不僅可以快速搞懂原來不熟悉的知識，還可以學得更全面、更深刻。

生吞活剝的死背，不如不背

費曼有一句非常經典的話——If I couldn't reduce it to the freshman level. That means we really don’t understand it。意思是，**假如我無法讓大一新生聽懂一項知識，說明我自己也沒有真正弄懂它。**

這正展現了費曼一貫的教學風格。他有一項很多領域的專家都沒有的能力，那就是：用一般人聽得懂的話來解釋專業知識。

他會盡量寫一些普羅大眾能夠理解的物理學著作，例如：《物理之美：費曼與你談物理》（*The Character of Physical Law*）和《QED：光和物質的奇妙理論》（*QED: The Strange Theory of Light and Matter*）。書中用了很多生活化的用語，和大眾可以理解的比喻，來解釋難懂的物理知識。

《別鬧了，費曼先生：科學頑童的故事》中，有一章是關於費曼挑戰教科書的故事。

他讓大一學生把物理課本舉起來，一字一句的讀出課本上對於「摩擦發光」（Triboluminescence）（按：物體受外力作用時的發光現象）這一現象的科學解釋。但是他說，這些對科學概念的闡釋，不過是用一些字去說出另一些字的意思而已，學生透過閱讀和記憶課本所學到的科學知識，只不過是「生吞活剝的背誦」，並不能真正的了解這一現象背後的科學原理。

這也是他被社會大眾所熟知、被很多名人所推崇的原因。

在費曼兒時，有一次一個朋友問他一種鳥的名字，他回答：不知道。這個朋友嘲笑費曼，說費曼的父親都不教他知識。

其實費曼的父親早就教過他這種鳥的名字，甚至還教了他如何用中文、義大利文、葡萄牙文、日文來說。

但是父親告訴他：「就算你知道這種鳥的名字，知道牠在不同語言中的叫法，你依然對牠一無所知。知道一種事物的名字，並不代表你真正了解它。」

這件事對費曼未來理解世界的方式，產生了深刻的影響。

在費曼看來，只用專業術語解釋專業領域，並不算真正搞懂這個領域。因為每個專業術語本身也有其內在涵義，只有真的懂了其內在涵義，才算真的搞懂了這個領域。

費曼曾說，普林斯頓大學（Princeton University）生物學系的學生，把大學四年的時間都浪費在死記硬背專業術語和名詞解釋上了；而他雖然是個生物學的門外漢，卻能夠快速釐清這些概念，並在哈佛大學（Harvard University）發表關於生物學的演講。

如何檢驗自己是否真的懂得某些知識？最好的方式就是試著教會別人。當我們有能力教會一個之前完全不懂這些知識的人時，就代表我們真的學會了。

教別人是輸出，學習是輸入。教會別人，就是從輸出反過來推動輸入。

《禮記．學記》中的「教學相長」，講的正是這個道理。我們可以藉由教別人，來促進自己不斷學習。教別人的同時，我們也在進步。

只有輸入沒輸出，你會以為自己懂了

輸出除了能促進學習之外，還能幫助我們發現自己的盲點。如果只有輸入，沒有輸出，便很難發現自己的盲點。

例如，很多同學看課本，看完之後覺得好像什麼都會了，就不想上課，但是聽老師講課時，卻發現自己還有很多關鍵沒注意到；做練習題時，發現自己做錯了好幾道好像已經學會的題目。

這種看起來好像懂了，其實根本沒懂的知識，就是我們學習的盲點。每個同學都有屬於自己的盲點，所以每次考試大家錯的題目都不一樣。找到並消滅盲點，才能考出好成績。

看過和掌握是兩種完全不同的狀態。

●第一種狀態：看過

看過是「原來不知道，現在知道了」的狀態，因為之前沒接觸過，所以「看到」時會讓人產生獲得感。即使再次看到，大腦會馬上回饋「這個東西曾經看過」的訊號，這時候沒了新鮮感，有些人會不耐煩，不想再看。在這個階段，我們很容易誤以為自己已經掌握這項新知識。

在這個階段得到的知識其實是「脆弱知識」（按：又稱為零碎知識），我們很容易表現出「脆弱知識症候群」。這是美國教育學者大衛．柏金斯（David Perkins）針對學生無法完全掌握知識的現象，所做出的結論。如果只掌握脆弱知識，就無法把所學的東西移轉到新情境去，更無法應用和創造。

脆弱知識一般有以下三種類型：第一種是惰性知識，這種知識明明已經存在於腦海，可是沒有任何作用，除非考試有考到，否則我們不會想到它；**第二種是幼稚知識**，我們在真正學習之前對這項知識的誤解，在學習之後沒有任何改善，依然堅持原本的錯誤印象；**第三種是公式化知識**，即是只學會公式化的解決方法，並沒有真正理解為什麼要這樣做？有沒有其他解決方案？只是機械性的記住了執行步驟。

在考試中，學生無法答對基於同一原理或概念的新題目，除非遇到老師講過的原題。在生活中，學生遇到類似或相關的情境時，也不會用學到的知識去處理真實世界中的問題。這都是因為他們沒有真正掌握所學的知識。

● 第二種狀態：掌握

掌握是融會貫通，表現為一個人深刻理解了某項知識，能夠完整、有條理的傳授給別人。就算該知識的表達形式有所變化，也不影響自己的理解和輸出。

這就像「看電影」和「欣賞電影」是兩種完全不同的境界。

有些電影我們看過一次，就認為已經知道這部電影，再看一次時會覺得都看過了，有什麼好看的；有時候由於陪朋友又看了幾遍，感覺自己都快能背下整部電影的臺詞了。但這時候我們真的完全了解這部電影了嗎？其實未必。

很多人看完一部電影後，覺得劇情實在太精采，忍不住又看了好幾遍，覺得自己充分明白這部電影的精采之處，但是向朋友介紹這部電影時，朋友卻毫無感覺。為什麼會這樣？這其實是因為我們沒有真的搞懂這部電影，以為自己懂了，但向朋友分享時，可能會發現其實沒注意到很多細節。

思考一下，對於那些十分喜歡、覺得精采絕倫的電影，我們真的可以完整、清晰的描述清楚每個精采橋段嗎？

1. 能說出每個角色的定位和性格嗎？
2. 注意過每個場景要表達的深層涵義嗎？
3. 注意過布景、顏色應用和演員服裝搭配有什麼內涵嗎？
4. 想過為什麼要這樣設計劇情嗎？

這些還只是欣賞電影需要思考的，假如要拍攝一部電影，那需要思考的問題還要多得多。看到這裡我們會發現，很多人看電影真的只是「看過」，就像很多人的課業學習也只是「看過」，經不起檢驗。

2 學完後你能講給別人聽懂嗎？

費曼學習法可以促使我們主動學習，發現知識的關鍵點在哪裡，從而達到融會貫通的境界。

費曼說，他上學時有很多同學拿不會做的習題來請教他，他每次都不吝嗇自己的時間，非常樂意教同學解題。

有些同學問的問題比較難，他自己也不會，要花很長時間才能弄懂，但是他一旦解出來並且告訴同學之後，他就徹底懂得那道題目了，之後再有其他同學來問類似的問題，就能很快給出解答方法。

這樣持續一段時間後，很多同學都說他是天才。被說成天才，讓費曼非常開心，這強化了他教同學解題的興趣。他越願意教，就有越多的同學來請教問題，有越多人讚揚他聰明，就越有動力鑽研更難和更深奧的知識。

根據吸收知識的主動性不同，學習可以分成兩種，一種是主動學習，另一種是被動學習。主動學習是由內向外的自發學習，目的性較強，通常是基於某個明確的目標而吸收；被動學習則是由外向內的傳輸，通常是別人傳授什麼，就被動的接受什麼。

傳統意義上的念書或聽課，都屬於被動學習，同學們多半是被動的接受書本中或課堂上，邏輯比較清晰的線性知識。接受時，大家很少會思考這些知識有什麼用？為什麼要學？

所以很多同學會覺得念書、上課枯燥乏味，而不喜歡學習。這其實是正常現象，因為這種學習過程不僅缺少主動性，還缺少外部回饋。

主動學習則不同，它是我們基於某個目的，打從心底想要搞懂某方面的知識，目標性非常強。費曼的主動學習行為是基於同學們的讚揚，這種讚揚即成為他主動學習的動力。

我上學時的經歷和費曼的這段經歷很像。一開始，我的數學成績並不出眾，基礎題都會做，但很多進階題就不會了。

有一次坐我旁邊的同學問了我一道數學題。那道題我剛好會做，就講解給他聽。他說：「你真聰明！」這給了我很大的鼓舞，也讓我更願意和同學分享自己會做的題目。

但很快的，我就發現有好多題型不會解。有一次同學又來問我一道題，我對他說：「我也不會」，他便很失望的悶頭自己想辦法解了。

我至今都記得他那失望落寞的表情。其實對他說「我也不會」時，我的內心也很掙扎。因為之前被他稱讚過，如果這次我不會，不就辜負他的稱讚了嗎？

後來，我就特別認真的念數學，要求自己必須每道題目都會做。而且我對自己的要求一度有些偏執，很多同學在考數學時，都要求自己不能馬虎，避免會做的題目出錯，至於不會做的就直接放棄；我則是要求自己可以馬虎出錯，但必須每道題都會寫。

當然，這種要求僅對我自己適用，並不值得推廣，而且後來我對自己的要求越來越高，要求必須連低級失誤也不能犯。

後來，我的數學成績就一直名列前茅，幾乎每次都是全年級最高分。

運用費曼學習法，我們可以化被動學習為主動學習，大大提高學習效率。

講給別人聽，才會發現知識重點

自己悶頭學和講給別人聽，是兩種完全不同的學習狀態。自己悶頭學，不經檢驗，很容易認為自己已經學會了；而講給別人聽，不僅能發現哪些內容還沒學會，還能發現哪些內容是這類知識的重點。

這些重點就是核心知識，是整個知識脈絡中最重要的部分，也是讓自己快速記憶和串聯知識的關鍵。

這些關鍵就像化學分子中一個個的原子，透過某種空間結構連接在一起。我們以說明萬有引力定律來舉例。

萬有引力定律：一切物體之間存在相互吸引的作用，此作用力與兩物體的質量成正比，與兩物之間距離的平方成反比。

如果要對某人講萬有引力定律的故事，可以從義大利物理學家伽利略（Galileo

Galilei）提出離心力和向心力開始，然後講艾薩克・牛頓（Isaac Newton）提出萬有引力。

如果要讓某人知道萬有引力定律，可以從天體物理學、各大行星的運動軌跡，到月球繞地球的運動軌跡，再到地球上的海洋被地球重力所吸引等，一系列能夠被想像的客觀物體講起。

經過這樣嘗試輸出萬有引力的概念，我們可能最終會發現，講萬有引力的故事有幾個關鍵字，分別是伽利略、牛頓、離心力、向心力等；要知道萬有引力定律，關鍵字則分別是行星、月亮、地球等；要記憶萬有引力定律，關鍵字又分別是質量、正比、距離的平方、反比等。

也許有人會認為，這不過就是從一些段落中截取關鍵字罷了，有什麼難的？不用費曼學習法也可以做到啊。

其實不是的，在沒有輸出的情況下截取關鍵字，屬於被動學習中的一種簡化記憶法。但是透過輸出來找到關鍵字，並非「截取」出來的，而是「發現」的。是被動截取的知識比較寶貴，還是自己主動發現的知識比較寶貴呢？答案不言而喻。

而且，每個人主動發現的關鍵字並不相同，這是因為每個人的知識系統和記憶習慣有所不同。有的知識對某些人來說是關鍵知識，對別人來說可能只是常識，並不重要。

而這一切，都需要我們自己去主動發現，既不能被動的等著別人告知，也不能簡單的從文字中截取關鍵字。

費曼能夠用一句話總結出，「科學是人類試圖理解大自然運作方式的渴望」。他能夠深度的欣賞自然之美，了解藏在一朵花背後的科學祕密。這一定不是透過簡單的被動學習就能夠做到，而是要靠好奇心和熱愛去發現最關鍵、最核心的知識才能做到。

每道題目我會用三種方式來解

使用費曼學習法的最終目的，是達到融會貫通，也就是真正掌握某項知識，而不僅僅是感覺自己好像會了而已。

費曼指出，那種不是經過深度領會，而是藉由「生搬硬套」，或者其他途徑所學到的知識，是如此的「脆弱不堪」。費曼學習法能夠快速的幫助我們思考問題背後的思考邏輯和知識架構，而不是機械化的記憶。

學習的境界分為三層，第一層是似曾相識，第二層是學會、能夠表述，第三層是掌握、融會貫通。

老師在課堂上講過的題目，明明當時聽懂了，為什麼下課後卻做不出來？上週會做的題目，為什麼這週變成不會做？明明題型一樣，為什麼這道題目會解，另外一道就解不出來？這時大家一定會糾結，自己到底是學會了，還是根本沒學會？

其實不用糾結，答案一定是沒學會。假如真的學會了，必然就融會貫通了，當然應該都會寫。

那麼，**怎麼才算學會了呢？**

● 一題多解

從小，我的基礎知識就學得比較扎實。怎麼說呢？因為**每道題目我都盡量用三**

種方法來解。當從多個角度分析題目時，可以了解關於題目的更多資訊，將不同要點串聯起來，這樣我的記憶不僅更牢固，理解也更深刻。長此以往，我掌握的解題技巧越來越多，不知不覺彷彿打通了任督二脈。

● 做三道同類型的題目

我有個中學同學的記憶力非常好，老師每講完一道題目，他都能記住每個步驟，但是一到考試他就出狀況。這說明了他並不是真正會寫，只是機械化的把解題步驟背了下來。

為了避免這種情況，可以找出三道同類型的題目，每隔幾天做一題，避免僅是利用大腦的短期記憶做題。如果能毫無壓力的解出來，就說明已經真正掌握了這種題型的解答技巧。同時，這個方法也可以幫助我們複習對應的關鍵知識。

● 講解題目給同學聽

高中時，化學老師為了檢視大家的學習情況，經常在自習課時挑選同學上講臺講習題。有一次，我被叫上臺講自己很熟悉的題目，但講著講著突然講不下去。因為我發現，自己竟然不知道其中一個步驟是怎麼列出來的。

這種情況並非特例。很多同學做習題時，都是下意識的按照固定步驟來寫，並不理解為什麼要這樣寫。只要題目變換一種形式，可能就寫不出來了。

這也是沒有真正掌握知識的表現之一。為了避免這種情況，可以把解題過程講給同學聽。在講解時，我們會對每一個步驟給一個合理的解釋，而不會像做習題只是下意識的認為就該如此。如果同學能聽懂，就說明我們真正掌握了解題技巧。

只有透過以上三種方法的驗證，才能證明自己真正掌握了某個知識。但要注意，在操作過程中，絕對不能看答案，連一眼都不行。如果哪裡模糊不清，那就加強那個部分，因為那正是我們的弱點。

只有真正掌握相關知識，才能建構好自己的知識系統，應對各種習題和考試的考驗。

3 怎麼驗證自己真的會？考試加分享

嚴格來說，費曼學習法並不是一種方法，而是一種思維。這種思維會不自覺的影響行為模式。

但如果直接把費曼學習法說成一種模式，難免有些難以理解，也難以落實，可以用四步驟來應用它。

第一步是制定目標。在學習新知識之前，首先要制定一個明確的目標。制定學習目標應當遵循SMART原則，也就是應當具體的（Specific）、可以衡量的（Measurable）、可以達成的（Attainable）、具備相關性的（Relevant），以及有明確截止期限的（Time-bound）。有了目標之後，還要制定具體的行動計畫。

第二步是嘗試輸出。感覺自己學會後，可以嘗試輸出學習內容，驗證自己是不是真的學會。在課業方面，除了向別人分享之外，還可以透過寫作業、考試等輸出方式來驗證學習成果。**費曼十分喜歡用口語闡述的方式來寫作**，甚至在寫嚴謹的科學論文時也是如此，**他還喜歡利用圖表來表示晦澀複雜的量子力學。**

第三步是發現問題。有了第二步的輸出後，就會發現自己沒掌握到知識的原因。原因可能是多方面的，有可能是沒記住；有可能是沒有真的明白原理；也有可能是視野問題，即是沒有打開自己知識的邊界。這時候就可以針對問題複習。

第四步是真正掌握。經過第三步後，我們對知識的領會將更進一步，會發現哪些知識是最重要的。當然，這時候也不要自滿，還需要再次驗證自己有沒有真正掌握。只有能融會貫通，才算真正掌握了知識。

當掌握了費曼學習法的精髓，能熟練的使用它時，就不必拘泥於這四個步驟，只要遵循基本原理就可以了。但如果是初學者，之前從來沒有接觸和應用過費曼學習法，一開始可以按照這四個步驟嚴格執行，等到熟練之後再嘗試改變。

寫功課就是一種輸出

費曼學習法的關鍵是輸出，應用在學業上，有很多種表現形式，作業、考試、分享都是在輸出。

作業是使用頻率最高，但也最容易被忽略的輸出方式之一。做作業是輸出的好機會，藉由寫作業，會發現自己看似掌握了一些知識，其實根本沒有。作業可以給予及時的回饋，從每天的功課中能發現很多問題。

考試雖然是比較後段、使用頻率較低的檢驗方式，卻也是很重要。每次小考都是檢驗我們知識掌握程度，及彌補缺失的好機會，要珍惜在每一次考試中的輸出。

分享有兩種形式，一種是分享給別人，能夠得到別人的回饋。在學校裡可以找同學分享，回到家後可以分享給家人。如果老師鼓勵大家上臺分享，也一定要把握這個機會。

向同學分享時，可以找幾個和自己程度差不多的同學，定時聚在一起討論上課內容和作業。每個人輪流分享一部分，其餘的人監督，這樣便於發現大家在講解中存在的錯誤。

另一種是如果找不到分享的對象，也可以對自己分享。除了和自己對話之外，還可以對心愛的玩偶分享，例如把玩偶放到椅子上，然後講在課堂上學到的內容給它聽。不論是學習小組分享法，還是玩偶講課分享法，都能讓大腦主動思考、整理、輸出學到的東西，這樣一來，我們對知識的記憶就更牢固，理解也更深刻。

在程式開發領域中，這種對著玩偶分享的做法，常被用來發現和解決程式中遇到的問題，只不過這種方法被稱為「小黃鴨除錯法」（Rubber Duck Debugging）。

第2章

「我很好」、「我不行」都是學習魔咒

做任何事情，成敗的關鍵往往不在客觀因素，
而在於面對挫折時，有沒有想盡辦法努力解決——
我們對待學習的態度，會直接影響學習成績。

1 學歷有啥用？那是你看世界的起點

有的同學把念書當成一種痛苦的折磨，有的則是當成一種遊戲，也有的人把念書當成和吃飯、睡覺一樣的日常行為。不同的認知決定對待念書的方式。只有正確認識學習這件事，我們才能學好。

網路上什麼知識都有，還需要學嗎？

「有問題找谷歌」是很多現代人的口頭禪。這讓很多人疑惑：網路上有各式各樣的資訊，我們為什麼還要學？答案很簡單：因為考試時不能上網，你不可能帶著手機或電腦進考場！

當然，這並不是主要原因，畢竟學習不全是為了考試。

若一個圓的裡面代表已知的知識，外面代表未知的知識。圓越大，我們會發現未知的知識越多；圓越小，反而越會覺得自己好像什麼都知道。

假如一個人的腦子空空如也，就算有網路也沒用，因為他甚至不知道自己不知道什麼。

中學時，我在雜誌上看到一篇文章，講一個數學家到學校辦講座。演講時，有一個學生提問：數學家需不需要背圓周率。數學家瀟灑的回答，書上有的內容不用背，我的大腦只用來研究未知的東西。

當時看完文章後，我一開始很羨慕這個數學家，然後感嘆自己需要背一堆書上的內容。可是轉念一想，我怎麼能拿自己和數學家比較？我們處在不同的人生階段，有什麼可比的？

就像剛出生不久的嬰兒，需要靠母乳補充營養，不能吃成年人吃的食物。而成年人則可以理直氣壯的說：「我不喜歡喝奶，也不需要喝奶，我更喜歡吃肉。」然而，沒有嬰兒時的喝奶，又哪來成年後的吃肉？

想到這些，我就繼續踏實學習，最終實現了自己的理想——考上清華大學。

從知識的本質來講，現在書上或網路上都有很多知識，我們需要學嗎？對於這個問題，我來說一下發生在我和合夥人身上的三個故事。

我的長輩和老師都很愛說一句話：「中午一定要午休。」相信很多同學都對這句話很反感，我的合夥人也是如此。

他從來不午休。就算只是趴在桌上瞇一下都不肯。他認為，「不午睡」沒問題，因為他不適合午睡。

小時候，他也聽從父母的要求嘗試過午睡。可是才睡了一小時而已，就被叫醒去上課。

這種情況下醒來，讓他的腦子昏昏沉沉，心情異常煩躁。整個人的狀態都很差，而且這種渾渾噩噩的感覺，會一直持續到下午四點。

為了逃避午睡，他開始和父母鬥智，像是先假裝睡著，再偷偷起來，或是把作業留到中午才寫，沒時間休息，父母才作罷。

從科學的角度來看，並不是所有人都適合午睡。我的合夥人直到三十歲，才終於釐清「必須午睡」這個原理，因為他學習了睡眠相關的知識，才知道自己天生睡覺時間比較短，其實不適合午睡。

第二個故事是我的高中時期，當時的課業壓力很大，有段時間每天早上醒來後，心情都很糟糕。有時候，我會莫名其妙的情緒低落，直到晨跑鈴聲都響了，我還坐在床上。

有時候，我會無端的火氣大，就連睡我下鋪的好朋友，都能吵起來。現在回想起來，這就是所謂的「起床氣」。

既然是情緒問題，就得努力調整情緒。情緒低落時，我就給自己打氣：我要考到北京，考上理想的大學；脾氣暴躁時，我就安慰自己沒必要和好朋友嘔氣。

我很努力的調整，但效果卻總是不好。直到現在我才明白，起床氣與情緒無關，而是當時壓力太大、休息不足所引起。

這些道理也是在學到更多知識之後才明白，**如果不學習，就只會沉浸在自以為的猜測或固有認知裡。**

第三個故事就有關於網路。有段時間兒子很愛吃雞蛋羹（蒸蛋），於是我每天都做給他吃。可是餐廳做的雞蛋羹總是細膩嫩滑，自己做的卻像是多孔的發糕，口感和味道都不對。

於是，我就上網找答案。有人說需要加白醋；有人說要用溫水沖雞蛋；還有人說攪拌時要濾掉雞蛋浮沫。

蒸一個簡單的雞蛋羹，竟然會有這麼多種不同的建議，而且每個建議都言之鑿鑿，看起來彷彿都能解決問題。

結果，我把每個建議都試了一遍，最後依然沒有解決問題。

我們每個人都希望自己生活得更好，每天更開心，而實現這個目標的前提是，發現生活中的問題，然後解決問題。

如果缺乏知識，我們可能連問題都無法發現；即使發現問題，也會找錯方向；即使方向正確，也不一定能從各種「答案」中找出適合自己的那一種。

書上和網路上的知識，只是提供了一種解決問題的途徑，我們還是需要學習這些知識，尤其要知道它們的基本原理，並且深刻了解後，才能讓自己的生活更好。

考高分其實不算「學習」的最大好處

書念得好，不僅意味著擁有好成績，還意味著你打開了認知。

就像是煉鋼，高合金鋼的始鍛溫度通常控制在攝氏一一五〇度至攝氏一一八〇度之間，終鍛溫度一般控制在攝氏八〇〇度至攝氏九〇〇度之間。

這時候可能會有人站出來說：我可以不控制在這個溫度嗎？我要讓始鍛溫度在

攝氏一〇〇〇度，終鍛溫度在攝氏七〇〇度，可以嗎？答案一定是不可以，因為這樣就煉不出合格的高合金鋼。

學習也是如此，所謂中等水準，其實還有很多知識沒學會，如果全學會了，自然會得高分，成為學霸了。

學霸其實是一種結果，而不是原因。我們不是為了當學霸而成為學霸，而是為了搞懂每一項知識，探索那些未知領域。

中學時，我有個同學很聰明，他學什麼都很快。明明只要多念一會兒書，就可以考進全班前三名，但每次都排在十幾名。

我很好奇，問他為什麼不多念一下？他風輕雲淡的說：「反正都是學，學會了就好，爭什麼第一，當什麼學霸。」結果他中考（按：中國初級中學畢業水平考試的簡稱，相當於臺灣的會考）時失利，未能考上心儀的學校。

費曼在普林斯頓大學就讀研究所時，做過一個有趣的催眠實驗。他認為，人很容易自我催眠，會不停的對自己說：我可以做到這個、那個，我只是不做而已。但實際上就是不想做，而且做不到。

〈為學一首示子姪〉（按：清代文學家彭端淑的散文）中有一句話：「吾資之昏，不逮人也；吾材之庸，不逮人也。旦旦而學之，久而不怠焉，迄乎成，而亦不知其昏與庸也。吾資之聰，倍人也；吾材之敏，倍人也；屏棄而不用，其與昏與庸無以異也。」

其大意是：即使是天資不高、才智平庸的人，經過不懈的努力，也能夠有所成就。即使是聰慧過人的人，若是自恃其聰、敏而不學，只是停留在口頭上，不付出實際努力，就和那些昏庸之輩沒什麼區別。

費曼其實也不是天才，而是經過不斷鞭策自己和堅持不懈的努力，積極主動，才擁有卓越的成就。

考上清華大學後，我結識了很多各地的高考（按：中國高中畢業水平考試的簡稱，相當於臺灣的學測）狀元，並發現好好讀書、爭當學霸其實是一件終身受益的事情。

●能力提升

在成為學霸的過程中，會提升各種能力，包括專注力、分析力和執行力。例如：為了考高分，我能迅速進入學習狀態，這種專注力我一直保持到現在。而困擾很多人的拖延症、注意力不集中，幾乎沒有在我身上出現過。

同時，作為學霸，我會主動解決各種複雜問題。例如研究別人不會的高難度題目，這也大幅提升了我的分析能力。到現在，這種能力還幫助我從海量資料中發現有價值的資訊，從而完成日常的圖書策劃工作。

在解決問題的過程中，如果發現一些新穎的方法，且它們一旦被證明有效，我就會運用在所有場合中，並且用到極致，這則提升了我的執行力。

●認知提升

成為學霸的過程中，除了提升能力，也會提升認知。要想成為學霸，需要有極強的目標感，要知道一段時間內，自己的首要目標是什麼。例如，我上大學前的首要目標，是考上理想的大學；考上大學後的首要目標，是鍛鍊自己各方面的能力。這種目標感，能讓我保持專注。

學習要有收穫，都需要漫長的過程。只有堅持，才有可能成為學霸。我的智商並不高，但是透過反覆練習就能考出高分。因此，我很相信努力就有回報。

在堅持的過程中，自我認知也能得到提升。因為我們需要抵抗各種誘惑，知道自己容易受到什麼影響，容易在哪些環節鬆懈，這樣就能有效的進行自我管理。

一個人的認知會建構其所了解的世界，但人通常不會主動改變自己的認知。如果個人認知與現實沒有任何衝突，那麼，這個以個人認知建構出來的世界，就永遠不會被打破。

例如，有個農民所認知的世界就是耕種、收穫、賣出、消費。他認為農民的生存方式就應該是這樣。忽然有一天，他發現隔壁村的老王把自家的田租了出去，收到的租金拿去投資，賺了比他多很多的錢。

這時他原本的認知被打破了，他就會重新建構自己的認知。如果沒有隔壁村老王的出現，他依然會覺得農民就應該老老實實種田。

● 自信心提升

在成為學霸的過程中，除了會提升能力和認知之外，自信心也會提升。因為能力和認知的形成，都來自於過去累積的知識和經驗，而未來永遠是未知的。

有些人天生就畏懼未知。例如，他們到陌生的地方就會不安，面對即將到來的考試總會忐忑。

但**學霸經常可以成為班排第一、校排第一，對自己充滿自信，很少害怕未知**。因為他們相信自己可以適應新的環境，能夠應對考試中可能出現的各種情況。所以，學霸能發揮自己全部的實力，面對各種挑戰，取得更好的成績。

不要小看這種自信心，這是我們打破限制性信念的重要一環。

好好學習是非常值得的一件事。因為在這個過程中，不僅可以得到好成績，還可以提升能力、認知和自信心。這些東西會讓我們在往後的人生中大受裨益。

● 發現生命的樂趣

費曼的一生不僅在物理上有巨大的成就，他的成就還是跨領域、多學科的。他發現了一些存在於自然現象和規律背後的規則，和宇宙運行的本質規律，並且享受發現的過程。

在費曼的紀錄片中，他說到有藝術家朋友曾表示，科學家不懂得怎麼欣賞一朵花的美，因為科學家會把一切都分解開來，破壞花的美麗，讓它變得無趣。

但是費曼反駁道，藝術家所看到的美，是所有人都能夠看到的，而科學家能夠從不同角度看見花朵之美。比如，他能夠了解花朵的內部結構、怎麼盛開、芳香從哪來、為什麼能吸引昆蟲授粉、這些昆蟲是不是也有對花的審美？增加知識並不影響費曼欣賞一朵花，反而會讓他更興奮，發出更多讚嘆。

費曼說：「你需要停下來思考一下這些複雜性，這些不可思議的自然本質！」對他來說，發現事物的樂趣本身就是一種獎賞，這比短暫的榮譽更加重要。

他能夠把物理的奧祕和繪畫結合起來，在晚年成為一個畫家，與他對知識的熱愛密不可分，藝術成了他接近科學本質的一種表達方式。

當學習成為一種享受和樂趣時，我們就會自發主動的去學習，去探尋和了解周圍的一切。那麼，終身學習就不再是難以堅持的事情，而是一場充滿好奇和驚喜的冒險。

好大學是認識世界的起點

很多同學因為接觸了一些負面資訊，就認為念什麼學校都一樣，反正畢業後都要去打工。

北京大學中文系的陸步軒，畢業之後去賣豬肉，曾引發很多討論。（按：陸步軒於一九八九年畢業於北京大學中文系，於二〇〇〇年開始賣豬肉，當時引起一陣「學歷無用論」的爭議）他從二〇一六年開始在網路上賣豬肉，短短兩年，他創辦的「壹號豬肉」品牌就入駐了三十多個省分，僅二〇一八年這一年，銷售額便達到人民幣十八億元。

從北京大學畢業，真的對養豬一點幫助都沒有嗎？

在別人眼中也許是如此，但在我看來，北京大學的教育給了他不一樣的認知，開拓了他的視野，也造就他更強的整合能力。

不說別的，僅僅是「北大畢業」這四個字，就已經讓他成為人盡皆知的名人，品牌知名度和分量一下子就與眾不同。

在事業成功之後，陸步軒對讀書有了更深層次的想法。他說：「讀書不一定能改變命運，但一定能改變思維。」

以我的體會，好大學不只是提供一張光鮮亮麗的畢業證書那麼簡單。好大學是個競技場，能廣泛提升見識、閱歷。

以我的大學為例，清華的學生都是各地的學霸，聚集在一起後彼此都不服氣，這時候想不努力都不行，每個人的學習拚勁都變得更強。高中時我經常校排第一，但是到了大學以後，卻變成中等偏下。這讓我立刻意識到自己只是個普通人，要趕快褪去高中的光環，讓自己更加努力，迎接四年後的社會挑戰。

清華的優秀者太多，也讓我早早認識了人與人之間的巨大差異。進入社會後，在面對形形色色的人時，也就淡然了很多。這些學業出色的學生還總有一些不平凡的事，尤其是逆襲的故事。就像我隔壁宿舍有個同學，他高一、高二時都沒有認真念書，到了高三終於覺得應該努力了，於是發奮讀書，考上清華。

由於每個人的目標感都很強，所以無論是念書還是生活，清華的學生都能打理得井井有條，根本不存在外界認為的「高分低能」（按：指高學歷、低能力），幾乎每個人的能力都很強。當然，能考上清華大學，對之後找工作和創業的加持非常大。一個人能考上好學校，是其智力、體力、毅力、專注力、學習能力、臨場發揮能力等，眾多要素共同作用的結果。

費曼的父母十分重視他的教育。二十世紀初，在二次大戰和經濟大蕭條的陰影下，許多人迫於經濟壓力，放棄報考大學，但是費曼的父母仍然堅持要提供他最好的教育條件，幫助他進入麻省理工學院（Massachusetts Institute of Technology，簡稱MIT）。

如果費曼沒有機會進入麻省理工學院，甚至沒有讀大學，可能他也會有所成就，但很難成為一位傳奇的物理學家。

所以，無論如何，**我們都要盡力考上一所好大學，而且要努力過好大學四年。**這樣，不論未來往哪個方向發展，都可以有更多選擇和更高的起點。

2 進度落後太多，現在學還來得及嗎？

我有個同學，人很機靈，才藝也非常多。她書讀得很好，唯獨物理的成績不太好。我鼓勵她說：「沒關係，妳只是還沒找到竅門，找到竅門之後就能學好了。」沒想到她說：「我媽媽說她以前物理也念得不好，所以我學不會也很正常，她說女孩子那麼會念書沒什麼用。」

後來，她不僅物理成績變得很差，連學習的興趣也沒了，從此自暴自棄，讀完初中（按：即是臺灣的國中）以後沒考上高中，直接去讀技術學校了。

為什麼她會這樣？因為她有負面的信念。

什麼是信念？信念就是我們認為事情應該是怎麼樣的。例如有好朋友想向我借錢，我覺得好朋友有困難就應該幫忙，所以願意借錢給他。這就是我作為朋友時的信念。

如果是街上的陌生人向我借錢，我可能不會借，因為我會覺得：我又不認識你，為什麼要借你錢？不借不會讓我產生心理壓力。

所以，同一個人在不同的身分下，處理相同情況時會有不同的信念。那麼，信念是怎麼產生的？

1. 可能來自於自身的經驗。例如，小時候溺水過，所以覺得水很危險。
2. 可能經由觀察別人的行為得出結論。例如，看到同學調皮搗蛋被老師罵，所以得出「上課不可以搗蛋，不然可能會被罵」的結論。
3. 可能透過重要人物的灌輸得到。例如，父母對孩子說，選學校時城市比學校的專業領域更重要，於是孩子填志願時便只關注城市這一項。
4. 可能透過自己的思考獲得。例如，張三看到同學李四平時不認真念書，但考試可以得高分，於是得出「不需要認真念書，考試也能得高分」的結論。

信念會讓大腦在面對相同或類似事情時自動調節，從而讓我們不必在每次遇到相似事情時都需要思考，以提高效率。

例如，有位父親認為孩子功課不好，就是他不認真，這是一種信念。每次孩子考得不好時，就會責怪他不認真，慣性的不去思考其他原因，看不到其他可能性。

客觀來看，小孩功課不好，有可能是因為親子關係差，所以小孩想用成績不好來引起父母的關注，也有可能是小孩不喜歡老師，還有可能是孩子確實沒學會，同樣有可能是他對這門課沒興趣。

因此，沒有任何一種信念可以適用在每一個環境裡，有什麼樣的信念，就會有什麼樣的行為，不同的信念會產生不同的作用。

當一種信念限制我們進步、獲得更多可能性、取得更多收穫時，這種信念就變成了限制性信念（Limiting Beliefs）。

限制性信念會直接限制人的行為，當認定一件事是不可能的時候，自然就不會去做，也就不會有什麼好結果。

三種影響行動的負面想法

有一位叫康拉德．勞倫茲（Konrad Lorenz）的奧地利行為學家，曾經研究過鴨子的行為，發現剛出生的小鴨子，會把第一眼看見的、會移動的物體當成自己的母親，然後跟著那個物體走。這個物體不一定要是生物，即便是滾動的乒乓球，都可能會被小鴨子當成鴨媽媽。小鴨子的大腦在出生那一刻，便形成了限制性信念。

要發現自己的限制性信念並不容易，這需要我們刻意觀察、重新審視自己，不要輕易相信那些既定模式，不要簡單的認為「事情就應該是這個樣子」。

我們常見的限制性信念有三種，第一個是「做不到」，因為這種信念，很多人常常被困難阻礙。事情不會總是一帆風順，我們一定會遇到各樣意想不到的困難，但有些人往往會認為無法解決問題。

第二種是「不會成功」，這種信念會讓很多人很努力的工作，但是在邁出臨門一腳時，出現擔心、害怕、憂慮等負面情緒，結果導致失敗。有些人甚至從來不敢想像自己會成功，堅定的相信自己只配做一個普通人，一味的原地踏步。

有的同學覺得自己從小就成績很差，就算現在想努力也沒用，這就是第三種限制性信念：「來不及了。」但是看到我那個在高三逆襲的同學，這種信念便能不攻自破。

褚時健（按：中國柑橘品牌「褚橙」創始人）七十六歲才開始種柳丁，作家吳亮六十歲時才出版第一本小說。怎樣算早？怎樣又算晚？其實都是自己定義的。

如何檢驗一種信念是不是限制性信念？可以看看這個信念有沒有反例，如果有，就說明它是一種限制性信念。舉例如下：

每天那麼多功課，哪做得完？

為什麼有的同學就做得完，而且還能把時間安排得很合理？做不完，也許是不懂得分配時間的方法，不如思考一下如何做好時間管理。

我不夠聰明，所以學不會。

每一個功課好的人都很聰明嗎？答案顯然是否定的。費曼的智商就不高，但他成了物理學家。我的智商也不高，卻能考上清華大學。

我就是這樣，改不了了。

難道你從來都沒有做過任何改變嗎？是什麼讓你改變了？是不是明知前面是南牆，你還偏要撞（按：形容固執不知變通）？

這件事太難了。

難的標準是什麼？難在哪裡？完全沒有解決辦法嗎？如果有，可以做什麼？你有沒有做到過比這更難的事？

這不可能做到。

有沒有別人可以做到？別人是怎麼做到的？為什麼你會認為自己做不到？

男生就該……女生就該……。

是不是每個男生都這樣，每個女生都那樣？有沒有人不是這樣，卻活得很好？為什麼非要被框架限制住？

如果想要好成績，就得放棄全部休息時間。

真的是這樣嗎？學霸難道都不休息、沒有課餘活動？學霸真的活得很無聊嗎？當然不是這樣，這一項我可以作證，很多學霸的生活豐富多采。

我們可以用這種方法檢驗自己都有哪些限制性信念，找到這些限制性信念，從今天開始就把它們扔掉。

五步驟把想法變正面

一旦發現自己的限制性信念之後，該如何消除它們？

如果能直接丟掉，當然最好。如果不能，有一個非常簡單又好用的方法。這個方法可以分成五個步驟，分別是：困境、改寫、因果、假設、行動。

我們以「我很笨，就是學不會物理」這種限制性信念為例。

首先是發現自己的困境。在「我很笨，就是學不會物理」這個信念中，真正的困境不是「我很笨」，而是「學不會物理」。實際上，仔細思考後會發現，「我很笨」是「學不會物理」的藉口，這樣就可以心安理得的不付諸行動。在這一步中要弄清楚，當下待解決的具體問題是什麼？客觀事實是什麼？我真的很笨嗎？是不是什麼事情都做不好？如果不是，為什麼我能做好別的事情？

既然「我很笨」不是事實，可見「學不會物理」才是真正的困境，那麼就要改寫這個狀態。例如，可以將其改為「到目前為止，我物理學得不好」。

原本描述的學不會物理，是一個定論，沒有任何改善這種狀態的暗示。但是改寫後，變成只是暫時還沒有達到下一個階段，暗含著努力的方向，和對於達成目標的預期。原來的導向是消極的，不需要付諸行動；改寫後的導向轉為積極，可以透過行動改變現狀。

確定困境、改寫消極的限制性信念之後，就要開始積極思考出現這種狀態的原因，也就是為什麼「到目前為止，我物理學得不好」。在這一步，我們要客觀評價，找出自己出現這種狀態的全部原因。

這時候會發現，事實是「因為過去我沒有做好預習、複習的規畫，沒有理解並記住所有物理公式，沒有多做一些習題來搞懂每種題型的解法，所以到目前為止，我物理學得不好」。

找到原因之後，就可以採取一些積極的假設，例如：確實做好預習及複習，理解並記住所有物理公式，多做一些習題並搞懂每種題型的解法，我或許就可以把物理學好了。

這一步是在上面三個步驟後，先設想的行動和解決方案，是在內心種下的希望種子，將原來的「我不行」變成「我也許可以」。

最後一步就是將第四步的所有假設付諸行動。在行動過程中，可以留意自己每一個微小的變化。當發現變得越來越好時，就是一種正面回饋，可以激勵自己，有助於進一步採取行動。

如果目前還沒有發生改變，也不要氣餒，這時候要重新審視第三步因果和第四步假設的邏輯是否成立，我們對這件事有沒有誤解。

以上五個步驟完成之後，就可以拋開「我很笨，就是學不會物理」這種限制性信念了。

每個人都有能力成為想像中那個更好的自己。

人們會思考和推敲那些對自己有利、正面、積極的資訊，在大腦中提取所需的資料，然後透過潛意識告訴自己：「我就是這樣的人，我具備這個特質」，而且會自動幫自己尋找很多的證據。

這就是為什麼當我們被表揚時會覺得：別人說得對，我就是具備這些特質。而且在未來的行為中，也會刻意呈現出別人稱讚的那些特質。但是當被批評時，我們會覺得不舒服，有可能會反駁對方，也可能很快就忘了。

正面的心理暗示往往比負面的有效。隨時想像自己是一個勤奮的人，慢慢的，我們就會深信自己就是如此，並有可能逐漸成為這樣的人。

人在性格和行為特質上，可以驅使自己成為想要的樣子，就看我們的信念有多強了。可以拿出紙筆，試著回答以下兩個簡單問題：

1. 我究竟想成為什麼樣的人？
2. 現在的我能為將來的我做些什麼？

把自己當作五年後的自己，審視眼前正在做的事，確保每一件事都有助於一步一步接近理想中的自己。

如果想成為某個人，就要下定決心像他那樣思考、行動，這樣堅持一段時間之後，我們就可能成為想成為的那個人。

3 自我感覺太好，會阻礙你變好

我老家隔壁有個男孩，剛讀高中。全班一共六十個人，他的考試成績始終穩定排在第五十名左右。有次我過年放假回家，他的母親來找我尋求幫助。

我說：「高中課程我早就忘光了，恐怕幫不了他。」

這位母親說：「沒關係，我不是想讓你教他，他不笨，只是不聽我們的話，我覺得他很可能會聽你的，你幫我開導、開導他吧。」因年假時間充裕，我就答應了下來。

跟男孩聊天時，我發現他不僅不笨，反而應該說是非常聰明。

他為什麼成績差？是因為他喜歡打電動，還多次和同學組隊去不同的城市參加比賽，但是比賽成績平平。

當我跟他聊課業時，他會嘲笑那些功課好的學生都是書呆子，說他們有的人連電腦都不會用，跟這些人一起打電動時，他們搞不清楚遊戲設定，反應又慢，根本比不上他。

而當我跟他聊起遊戲時，他又會嘲笑那些職業玩家都是從早到晚的玩，一天至少練習十二小時，坐著不動，而且精神高度緊張，很多人的頸椎已經出問題。

再當我提到他的母親不滿意他的現狀時，他說別家的小孩更糟，他只不過是功課不好，他的同學有抽菸、喝酒成癮的，有離家出走的，甚至還有打架鬧事的，他已經算很乖的了。

多有趣，不論我跟他聊什麼，他都不會表現出消極的情緒。

他的邏輯是：

1. 跟功課好的人相比，我遊戲玩得好；
2. 跟職業玩家相比，我健康；
3. 跟那些不良少年相比，我的不良嗜好少、缺點少。

所以，他可以藉由這種「良好的自我調節」，樂觀、開朗、健康的茁壯成長。

跟男孩聊完後，我覺得自己應該幫不了這位母親，於是跟她說了我的想法，希望她再找別人試試看。

後來，這個男孩高考只考了兩百多分（滿分七百五十分），去了一所私立的專科學校，畢業後找了幾份工作都不合適，結果在家啃老。

這個男孩的思維，像極了魯迅筆下的阿Q（按：魯迅著作《阿Q正傳》所批判的自我安慰心理）。這樣的人永遠喜歡往下比較，永遠很滿足，永遠認為自己沒問題。

他們總認為：我這方面不足沒關係，跟某人相比，我在另一個方面贏過他，所以根本不是問題。因為沒有問題，所以不需要改變。因為不需要改變，所以許多年後，別人經過努力成為自己想要的樣子，而他依然是原本的樣子。

按照這個邏輯，這樣的人甚至可以推論出自己比股神華倫·巴菲特（Warren Buffett）強，但可能只是因為他們的廚藝比巴菲特好，或者比巴菲特年輕；也可以推論出自己比費曼強，但可能僅僅因為他們比較會游泳。

實際上只要他們想，就可以比世界上任何一個人都強，只需要他們在隨便哪一方面比別人強就夠了。

魯迅先生已經離去這麼多年，阿Q們卻一直存在。他們永遠能找到一個角度往下比較，永遠很滿足的活在自己的世界裡，不願承認自己的缺點，也不願意付出努力和嘗試，永遠用阿Q式的思維邏輯，來抹殺自己曾有過的一絲夢想和追求。

阿Q精神就是在欺騙自己

有些人會用「短板理論（按：又稱木桶理論，指木桶的容量取決於最短的木板，延伸為一個團體的水準取決於其劣勢）已經不適用」，作為容忍自己技不如人的藉口，辯稱網路社會就是要揚長避短，根本無須在意自己的缺點。

我同意短板理論在不同情況下的適用性不同，但阿Q精神與短板理論無關。

阿Q精神是拿自己在某一領域的優勢，和別人在相同領域裡的劣勢做比較，讓自己感覺良好。這其實是人類大腦的自我安慰策略。

阿Q精神的原理是，當人感覺自我價值受到威脅時，為了不降低自尊水準，便採取「下行比較」的行為，以得到「比上不足，比下有餘」的結論。

而所謂「短板理論不適用」的前提，通常是長板夠長，能形成明顯的競爭優勢，短板的短不會影響到長板的優勢，或是能被其他方面補足。

還有些人會把樂觀和阿Q精神混為一談。這兩者確實很像，但本質並不同。不同之處在於，引導未來的作用上有所不同，前者多半是向上的，而後者多半是向下的。

樂觀的狀態是：今天沒考好，是因為我不如別人努力，我繼續努力之後就會考好了。

阿Q精神的狀態是：今天沒考好，不過沒關係，還有那麼多人考得比我爛，我還不錯，這樣就好。

樂觀是積極的，而阿Q精神是消極的。

樂觀不一定會讓人進步，但阿Q精神一定會讓人不進步。

如果把世界上所有人的心智模式分為兩種：一種是阿Q，另一種是非阿Q。總有一些不思進取、故步自封、甘願為人後的人成為阿Q，你永遠也叫不醒這種裝睡的人。有另一些人會保持一定的清醒，能透過自我調節，時刻提醒自己保持在非阿Q狀態。還有一些人，他們擁有目標卻暫時迷失，願意努力卻暫時迷茫，不甘平庸卻暫時迷惑，而這樣的人也許能夠被喚醒。

費曼說，不能欺騙自己，但我們卻最容易被自己所騙，所以必須十分小心，時時刻刻保持清醒。

所以，要做阿Q還是非阿Q？選擇權在我們自己手中。

用自我修復取代自我安慰

阿Q精神的本質是現實逃避、自我封閉，讓個體活在自己的世界裡。用阿Q精神來處理問題，問題依然存在，沒有減少，如果不積極想辦法解決，問題只會越來越多。

有人說，凡事看開，世界就會更美好。可是看開了之後，世界真的變美好了嗎？例如面對各種環境汙染問題，我們看開了、靈魂昇華了，汙染就不會造成危害了嗎？

又如貧窮、饑荒、難民等問題，看開了，這些問題就能自己解決嗎？我們真的需要這種精神勝利法來讓自己快樂嗎？

也許我們真正需要的，是每天起床時想一想今天要做什麼，而不只是對著鏡子欣賞自己而已。

我們真正需要的，是每天睡前想一想今天有哪裡做得不好、該怎麼改進，而不只是告訴自己明天會更好。

我們真正需要的，是遇到問題後多花時間仔細想一想，該怎麼解決問題，而不只是跟自己說：我滿好的。

只有這樣，在遇到問題時，才可能變成勇於面對、善於分析、懂得解決的人。我們需要的不是欺騙自己，或是凡事看開的能力，而是「自我修復的能力」。我們可能不夠好、不夠優秀，也可能會失敗或技不如人。但如果擁有自我修復能力，這些就都不是問題。

時代在進步，每個人一生中都可能在兩、三個城市生活，在三、四個行業工作，都會經歷成功或失敗很多次。我們能看到營收十億、百億元的公司，在幾年之內迅速崛起，也能看到營收千億元的公司，在幾年之內迅速衰落。

害怕失敗而不行動，絕對不是遇到問題時的解決方案。

很多孩子從小在優越的環境下長大，很少經歷挫折，一遇到挫折就總想要逃避。反而是那些從小跌跌撞撞，總是被生活蹂躪的人，卻會越蹂躪越強大，成為這個社會的勝者。

哲學家尼采（Friedrich Wilhelm Nietzsche）曾經說過：「那些殺不死我的，終將使我變得更強大。」

這正是自我修復能力的核心：即使生活拋棄了我們，給予我們各種創傷，也要擁有極其可貴的修復能力，免於支離破碎的命運，能夠重歸發展之路。

我們甚至可以看到，有些自我修復能力強的人，能夠把苦難變成人生中的學習機會，從而做出常人無法做到、令人驚嘆的事情。

那麼，該如何提升自我修復的能力？

遇到挫折時，很多人會說：「不必執著在一件事情上，要學會轉換，一切就好了」、「讓快樂的力量來幫助心靈進行修復」等，好聽但不切實際的話。實際上，任何尋求安慰的行為都不會讓我們成長。要使內心變得強大，就要學會獨自面對，而不是一味的找人傾訴。如果自己都無法釐清情況，找別人又怎麼講得清楚？如果可以釐清問題，又何必要跟別人講？

費曼說，一個人年輕的時候，有很多需要擔心的事情，擔心別人的眼光、父母的看法，害怕做出決定，但是我們完全沒有責任去符合其他人的期望，而是要聆聽自己真實的想法，然後做出決定，堅定的走下去。

給自己一些時間，懂得原諒自己和鼓勵自己。

成長其實是非常艱難的自省，必須拋棄所有說給自己和別人聽的漂亮話，正視自己當前能力的不足和不可得，在這個過程中，可能會一遍又一遍被挫折擊倒。然後我們才會懂得，成長與改變無關，只是學會了選擇自己所能承受的事物。所以，逃避不會解決任何問題，只會為下次再犯同樣的錯誤埋下伏筆。

冰凍三尺，非一日之寒，要真正明白自己的現狀，就必須對自己絕對誠實，然後一點一點有目標的改變。沒有無法治癒的傷痛，也沒有不能結束的沉淪，所有失去的，都會以另一種方式歸來。

4 鼓勵自己畫大餅、挖大坑

高中時，我有個同學非常用功，老師教的他都懂，但成績總是中等。為什麼？原來是每次考試時，他每答完一題都覺得不放心，非要檢查好幾次才做下一題，導致後面兩、三道大題來不及寫。他的高考成績也只是剛剛達到本科分數線（按：中國獨立學院的錄取標準），最終上了一所普通大學。

自信心對於學習非常重要，但總是有人經常處於不自信的狀態。有些小技巧可以增強自信，其中最簡單的就是重複，**不斷重複練習，直到將技能爛熟於心，這樣才能在遇到各種狀況時應對自如**。假如曾經練習過很多次，已經爐火純青了，自然就會充滿自信。

不要一開始就給自己設下心理障礙和限制，費曼在學習時也遭遇過巨大的困難，他的老師建議他調整心態：「把這篇論文帶到樓上，逐字逐句的讀，檢查每一個方程式，然後你就什麼都懂了。」費曼接受了老師的建議，反覆的閱讀，仔細咀嚼那篇文章，結果發現它其實非常簡單，只是自己一直很抗拒去讀它，才會看起來無比深奧。

持之以恆也是增加自信的方法，我們每個人一生中都會經歷無數次失敗，《哈利波特》（*Harry Potter*）系列的作者 **J.K.** 羅琳（**J.K. Rowling**）被退稿了十二次，才得以出版這部小說。

失敗也許會消磨自信，讓人產生自我懷疑，但也只有經歷過失敗，成功走出陰霾，才能說：我不畏懼失敗。而我的高中同學正是因為害怕失敗，才會花費太多時間在檢查上。

此外，生活中不乏傲慢、自我和假裝自信的人。常言道：「近朱者赤，近墨者黑。」如果想增強自信，就一定要遠離那些負能量的人，靠近正能量的人。因為，負能量的人總是盯著解決方案中的問題，而正能量的人總能發現問題的解決方案。

人生總會遇到低谷，低落時，如果已經被負能量圍繞，可以寫一封「自誇信」給自己。在信上寫出曾經讓自己感到驕傲的事情，這些成功經歷會幫自己度過低潮。即使沒有特別的耀眼之處，也要相信「天生我才必有用」。

最後，我們要做最獨特的自己，要相信自己，因為：

1. 只有自信才能幫助我們面對困難，堅持下去。
2. 只有自信才能讓我們更專注於每件事，取得成功。
3. 只有自信才能讓我們有勇氣進行嘗試，掌握更多的知識。

自我激勵的兩個方向

除了建立自信之外，還要學會自我激勵。

當腦中不斷出現消極想法時，它可能會進一步展現在行為上。這時會需要花費大量精力來對抗這些消極情緒，能分配到學習上的精力就少了很多。

這時只須記住一點——自己的生活，自己主宰。然後，執行一些必要的自我激勵。放空思想，排除雜念，將注意力聚焦在眼前的學習上。

中學時，我的老師經常說：「大家用功複習，努力考一百分。」我聽得內心澎湃，為了激勵自己，還特別將寫著「我要考一百分」的紙條貼在桌上。

隔壁同學看到後，嘲諷道：「你這就是在給自己畫大餅。」我憤憤不平，開始留意他的一些行為，想找些他的糗事，把這口氣還回去。皇天不負苦心人。我發現他有一個癖好，就是喜歡在筆記本上標記各種錯誤情況，有的是老師上課時強調的錯誤，有的是他自己做習題時犯下的錯，甚至還有我在課堂上回答問題時答錯的情況。他把每種情況都用圓圈框起來，並在旁邊標記：「大坑」（按：同陷阱）。

每次他翻筆記時，我就會說：「你又在挖大坑呀？」他也會不屑的回覆：「你知道什麼，看這個超有意思的，哪像你那個一百分的大餅。」

「你在畫大餅」、「你在挖大坑」，我們就這樣鬥著嘴。曾經有一段時間，「大餅」和「大坑」成為我們兩個人之間的專用外號。

後來我學了心理學，才明白他這樣做的原因。那是因為，**每個人做事都需要動**

力，而本能的動力就是趨吉和避凶。

基於這兩種不同的動力，心理學家海蒂・格蘭特・海佛森（Heidi Grant Halvorson）將人劃分為兩類：進取型和防禦型。

進取型的人害怕自己得不到某樣東西。像我就是這種類型。老師說，大家要努力考一百分，我就會想著：「我要考一百分」，接著每次考試都希望能考第一名。我會不斷**給自己「畫大餅」，要努力得到某個東西，這樣就會更有幹勁，能朝著目標拚搏。**

防禦型的人則是**害怕失去**。我的同學就是這種類型。他看到別人犯了錯、吃了虧，就會想到自己不要栽同樣的跟頭。所以他**會記錄各種錯誤情況，就是怕自己犯同樣的錯誤**，失去應該得到的分數。為了避免犯錯，他也充滿幹勁，用功念書，保證自己做對每道題目。

這樣看來，我和同學殊途同歸。兩個人按照各自的方式激勵自己，結果都得到了好成績。

但如果我們兩個人交換自我激勵的方式，可能效果就沒這麼好。因為我會總是想著收穫更多，而不是避免犯錯，同學則剛好相反，他會努力讓自己做對每件事情，而不是想要得到更多。

學習的過程充滿了各種挫折，我們需要以正確的方式激勵自己，所以在自我激勵時，首先要判斷自己屬於哪一類型的人。

如果你希望得到更多東西，那就是進取型的人，這時應該多想：努力後可以得到什麼。

如果你只是希望不失去東西，那就是防禦型的人，這時就應該多努力，避免失敗和失去。

找到適合自己的自我激勵方式，就可以在學習中獲得更強的動力，去應對學習中的各種困難。

第3章

讀書不能看起來很努力，有技巧才有自信

學習要講究方法，用錯方法不僅事倍功半，還可能會打擊自信心，
讓我們又陷入沒自信的心理魔咒中。

1 做到真正努力，不是看起來很努力

在個人成長領域有個名詞，叫做「低水準勤奮」，指的是付出相同的努力，有人收穫得比較多，有人收穫得比較少，那些收穫少的就是低水準勤奮。會產生低水準勤奮的原因，通常是沒有掌握正確的思考模式和學習方法。

五種只是「看起來」努力的現象

很多同學很努力，也有很多同學只是「自以為」很努力，或者說「看起來」很努力。什麼叫看起來很努力？即是採取的行動不能產生有效的結果。

從小學到高中，班上總有一些同學看起來非常努力，很早就到學校，上課也很認真，也主動完成作業，但考試成績總是一般。

總結起來，這些看起來很努力的同學中，第一現象是不懂回顧。很多同學很忙碌，每天都有做不完的習題，但他們寧願做一百道新題目，也不願意檢討和重做已經做過的題目。然而，**沒有檢討和重做，我們就難以發現自己的盲點，結果就是：不會做的題目還是不會做。**

這類型的同學其實需要一本「錯題本」（按：記錄曾做錯的題目、錯誤的原因及正確答案的筆記本），正確記錄和使用錯題本，堅持檢討和重做，就能躋身前列。

第二個現象是佛系（按：網路用語，指看淡一切、無慾無求的態度）努力。很多同學不太追求成績，他們認為考試不代表一個人的全部能力，只要自己認真學了，就可以了，這會導致他們對成績佛系，慢慢的對學習也佛系。

人做任何事情都需要動機，動機越強烈，就越有幹勁，求學也是如此。學習知識要有長遠的目標，實現這個目標的過程可能長達十幾年。在這過程中，我們需要設定一個個短期目標，來激發學習興趣，而「考試拿到好成績」就是一個很好的短期目標。太佛系，只會讓我們缺乏動力，以至於學習效率低下。

還有一種同學很喜歡做計畫，今天設定每天背二十個單詞，明天設定每週做十張試卷，但他們只專注於制定計畫，卻不重視如何執行。最後的結果是，計畫制定得不合理，無法堅持下去，非但成績沒有提高，心理負擔卻越來越重，甚至產生焦慮問題。

正確的學習方式不是重視計畫，而是重視行動。完成每天的進度，做好查缺補漏，就能獲得好成績。

第四種現象是很多同學礙於面子問題，遇到不懂的題目或觀念時，會不好意思去問老師，只想自己弄清楚。結果可能花了大量時間，還是不確定自己到底弄懂沒，經常陷入錯誤回圈。

答疑解惑是老師的天職，不懂就問是學生的權利。積極主動的請教老師，不僅可以解決當前問題，還可以幫助我們及早發現自己的思維漏洞或缺陷。所以，正確的想法是：「**多問老師，是為了以後少問老師。**」

最後是沒有競爭意識，也會造成只是看起來努力。很多同學只跟成績差的同學比較，然後覺得自己書念得並不差，導致沒有競爭意識。

然而，只有和比自己更好的同學比較，才更容易發現自己的不足，加以改正。多觀察學霸、了解學霸的學習方式，取長補短，這樣才能進步更快。

學習要進步，就需要有一點難度

有的同學每天都花很多時間複習和做習題，但成績一直無法提升，為什麼？因為這些同學也在低水準勤奮，不斷重複的做類似的題目，學不到更多東西。那又為什麼要一直重複做類似的題目？因為這些題目做起來比較容易，自己都懂，甚至已經到了不需要動腦就能回答的境界。

這時候雖然美其名是鞏固知識，其實是不願意突破，不想碰那些更難的課程。熟悉的地方，沒有風景。不走出舒適區，就永遠學不到新東西。

什麼是舒適區？

心理學家把我們在應對任何情況時的心理狀態，分為三個層次：最內層叫舒適區，向外擴展的第一層叫成長區，再向外擴展的第二層叫恐懼區，如下頁所示。

每個人都有自己的「舒適區」，在這個區域裡很舒服，一旦離開了這個區域就會感到不自在。像是《誰搬走了我的乳酪？》（*Who Moved My Cheese?*）一書中，小老鼠在原來的窩裡非常舒適，一旦出去就感到彷徨、無奈，甚至恐懼，所以牠不願意出去。這個窩就是牠的「舒適區」。

成長區是讓自己稍微踏出舒適區一些，但又可以藉由學習來適應的區域。理想狀態下，學習最好在成長區完成，因為如果用力過猛，很有可能會把自己直接推入恐懼區。在恐懼區裡，我們會把大部分的精力用於應對焦慮和恐懼情緒，而沒有餘力去吸收新知。

這個關於心理舒適區的理論，來自於心理學的一個經典實驗。

一九〇八年時，心理學家羅伯特・耶基斯（Robert M. Yerkes）和約翰・迪靈漢・多德森（John Dillingham Dodson）提出，人們在相對舒適的心理狀態下，表現是穩定的，需要增加一點焦慮，也就是比正常狀態略微大一點的壓力，來使我們達到最佳表現。增加的這一點焦慮被稱為「最佳焦慮（Optimal Anxiety）值」，它剛好能使我們達

心理狀態的示意圖

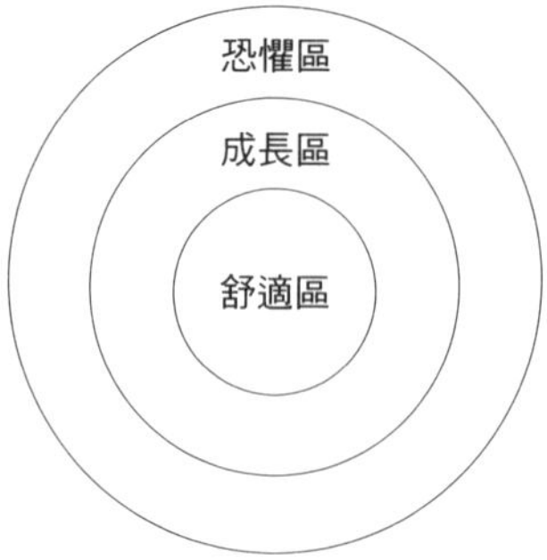

到舒適區的外沿。

走出舒適區能獲得什麼？

停在港灣裡的船是安全的，但這不是駕船航行的意義。

其實舒適區本身沒有問題，它就像家一樣溫暖舒服。但如果因為家很溫暖，就放棄了去外面看看的夢想，是很可惜的事。

我們都有過想出去看看，然後被爸媽叫住的時刻，但大多數堅持出遠門的孩子，也沒有忘記回家的路。他們的眼界因此開闊了，知道世界很大，自己很渺小。

看，舒適區，就這麼變大了。

蘋果前副總裁海蒂・羅森（Heidi Roizen）說過：「**如果你做的事情毫不費力，就是在浪費時間。**」

> 總是在自己的舒適區閒晃，不願意走出去，久而久之，確實會成為某個領域的高手，但是忽略了其他應該學習的新知，就會變得故步自封。

當我們試著邁出舒適區，才會發現，原來困境多半是自我臆想。

在剛剛邁出舒適區時，一定會經歷不適，然而一旦撐過前期的不適，堅持便不再是堅持，而是一件順理成章的事。

走出舒適區的我們，會遇到那個令人怦然心動的自己，我們會驚訝的發現：我從來沒想過，自己原來可以如此綻放！

為什麼很多題目一看就會、一做就錯？

有一次和一群朋友吃飯，其中一位朋友問在座所有人：「如果你們去山上砍樹，山上一共只有兩棵樹，一棵樹幹是粗的，另一棵樹幹是細的，只能砍其中一棵，你們會選哪一棵？」

問題一出，大家有些不解，有人說：「當然是砍粗的那棵，這還用問？」

我這個朋友笑了笑，說：「如果粗的那棵是普通的楊樹，不值錢；細的那棵卻是紅松，你們會砍哪一棵呢？」

大家想了想，紅松比較珍貴，說：「那就砍紅松吧，因為楊樹不值錢！」

他帶著不變的微笑看著大家，問：「那如果楊樹是筆直的，紅松卻歪七扭八，這時候你們會砍哪一棵？」

大家越來越疑惑，有人說：「如果這樣的話，還是砍楊樹吧。紅松彎彎曲曲的，什麼都做不了呀！」也有人說：「還是應該砍紅松，即便紅松再彎曲，還是有價值，可以做成一些小工藝品。」

發問的這個朋友目光閃爍著，大家已經猜到他又要加條件了。

果然，他說：「如果楊樹雖然筆直，但因為年分太久，中間已經空了。這時，你們會砍哪一棵？」

雖然搞不懂他葫蘆裡賣的什麼藥，大家還是從他所給的條件出發，說：「那還是要砍紅松，楊樹中間都空了，沒有用！」

他緊接著問：「可是紅松雖然不是中空，但它因為扭曲得太厲害，砍起來非常困難，你們會砍哪一棵？」

終於有人忍不住了，問：「你葫蘆裡到底賣的是什麼藥？你的條件能不能一次講清楚？」

他收起笑容說：「你們怎麼都不問我，到底為什麼砍樹？雖然我的條件不斷變化，可是最終結果都取決於最初的動機啊。如果想取柴生火，就砍楊樹；如果想做工藝品，就砍紅松。你們當然不會無緣無故拿斧頭上山砍樹！」

知道怎麼做，是第二步；知道為什麼，才是第一步。

知道為什麼，不僅是掌握知識的關鍵，也是人類行為的核心。這其實是賽門·西奈克（Simon Sinek）提出的「黃金圈法則」，如下圖。

大部分人的思考、行動和交流方式，都是由外向內的，即是「做什麼→怎麼做→為什麼」。而許多成功的領袖或管理者卻是從內向外的，也就是「為什麼→怎麼做→做什麼」。

例如，很多電腦公司說服別人購買產品時是這樣說的：「我們生產電腦。我們的電腦性能卓越，使用便利。快來買一臺吧！」而蘋果公司傳遞資訊

黃金圈法則

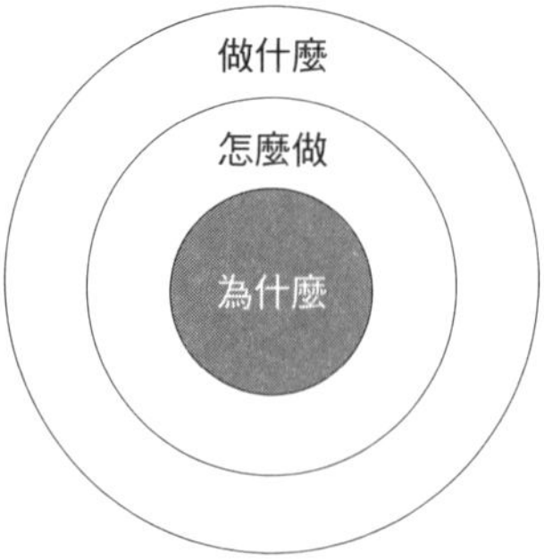

的順序恰恰相反：「我們追求打破現狀和思維定式，致力於尋找全新的角度。因此，我們會設計出性能卓越、使用便利的產品。電腦是我們所提供產品的其中一種，想要買一臺嗎？」

在求學上，這種思考模式也非常重要。很多同學總以為自己知道某些題目該怎麼做，但是只要題型稍微變換一下，就不會寫了。也就是俗稱的「**一看就會，一做就錯**」。學習的關鍵，是學會「為什麼」，而不僅是「怎麼做」或「做什麼」。

知道怎麼做只是表象，知道為什麼這麼做才是本質。只有知道為什麼，才是真正掌握知識，舉一反三。這時就算題目形式不斷變化，依然能夠抓住知識的核心。

2 六種更容易「記住」的方法

提高記憶效率是有方法和技巧的，只要方法得當，不僅記得快，還能記得牢。

但要說起記憶，就必然要說到海馬迴。海馬迴是記憶的開關，它就像是一個守門員，決定我們應該記住哪些、忘記哪些。在說明海馬迴之前，得先了解記憶是存在大腦的什麼地方？以什麼形式組織起來的？

● 神經元迴路

根據最新的腦科學研究，記憶藏在神經元之中。人腦中有一千多億個神經元，每個神經元儲存一小片資訊，類似電腦中儲存一個字元。

而這些神經元互相連接，就像蜘蛛網一樣。

我們要回憶一件事，本質上是調動各個神經元，讓這些神經元把資訊彙集起來，通過神經纖維，組成一個大的區塊。

是不是難以理解？舉個例子，假設張三要解一個方程式，看到題目後，他開始思考：

1. 首先判斷這是二元一次方程式，這個結論儲存在神經元Ａ。
2. 神經元Ａ發出訊號：誰知道二元一次方程式的解法？
3. 神經元Ｂ、神經元Ｃ、神經元Ｄ一起回答：「我知道！我知道！」然後，它們把各自儲存的解法傳給神經元Ａ。
4. 神經元Ａ看了神經元Ｂ的方法：「你只能解一元一次方程式，淘汰！」然後看了神經元Ｃ的資訊：「你講的是一級方程式賽車，滾！」
5. 最後神經元Ａ看到神經元Ｄ的資訊：「我要找的就是你！」
6. 神經元Ｄ馬上開始工作。但是解二元一次方程式有好幾種技巧，神經元Ｄ又找來神經元Ｅ、神經元Ｆ、神經元Ｇ，根據題目的需要，選擇最省事的解法。
7. 神經元Ｄ圓滿完成任務，把數據傳給神經元Ａ。

所以，記不住可能是沒有有效儲存記憶，也可能是大腦神經元之間的連接出了問題。

●短期記憶和長期記憶

大腦通常把記憶分成兩種：短期記憶和長期記憶。

舉個不是非常貼切的例子：短期記憶像是電腦的記憶體，暫時使用一下，過一段時間就會被覆蓋掉；而長期記憶像是硬碟，被永久保存在大腦中。

再舉個現實世界裡的例子。

假設今天上午我要去理髮，大腦會認為這件事不太重要，因為如果有朋友要請我吃大閘蟹，我一興奮，就可能把理髮的事情拋之腦後了。這就是短期記憶。

而炒菜的時候被熱油濺到很痛，大腦認為很重要，因為這會影響到個人安全，所以會將這件事收入長期記憶，無論什麼時候，我們都會記得小心熱油這件事。

●檢查員海馬迴

為什麼把資訊變成長期記憶這麼難？

是因為平時接觸的訊息量太大了。有科學家推測，如果把我們看到、聽到、想到的事情都變成長期記憶，不到一小時大腦就會「當機」。

我們每分每秒都會接觸到大量資訊，但是沒有必要每一項都記住。

這時候就需要一個「檢查員」來判斷，哪條資訊很重要，要將其變成長期記憶；哪條資訊沒什麼用，可以直接放棄。而這個檢查員就是海馬迴。

為什麼叫海馬迴？

因為它的形狀很像一隻海馬，所以科學家風趣的將其命名為海馬迴。只有被海馬迴判定為非常重要的資訊，才會成為長期記憶。一般來說，除了與生存相關的訊息，其他資訊很難第一次就通過海馬迴的「檢查」。

例如，雖然我們聰明，也知道英文考試需要記住很多單字，但為什麼就是很難記得住？因為在海馬迴看來，英文單字根本不重要，即使完全不會，也不會危及生命，所以不會讓英文單字輕易變成長期記憶。

那問題來了，資訊怎樣才能通過海馬迴的檢查？

在海馬迴看來，很多資訊記不住是正常的，因為根本沒必要記。但是我們學習新知時，需要記住很多在海馬迴看來「無用」的東西。這時候就要研究海馬迴的原則，然後按照原則辦事。

第一個原則是反覆記憶。**如果一個訊息反覆出現，海馬迴就會提高警覺：**「我怎麼老是看到這個東西？它應該很重要，我要留意一下。怎麼又來了？看來的確重要，變成長期記憶吧。」

第二個原則是充分聯想。海馬迴也會「徇私舞弊」，如果我們**把知識和生存結合起來，知識就更容易被記住**。例如在念生物時，不要從心裡覺得與自己無關，而是想像自己的身體正在進行那些複雜的生化反應。海馬迴一看：「哇！很重要，記下來。」

第三個原則是肉體刺激。海馬迴對肉體刺激最積極，所以可以製造一些這類型的刺激。例如學習交通規則時，如果覺得很難記住，就幻想自己是正在駕駛的司機，想像在左轉、右轉、剎車時，身體與汽車接觸時的觸感。

第四個原則是重點記憶。如果一段時間只記憶一、兩件事，海馬迴會很重視。如果一下子要記住七、八個新知識，海馬迴就會混亂，最後很可能統統記不住。

方法一：把握記憶的黃金時刻，睡覺前和清醒後

我剛開始學英文時，老師說背單字是重點。那時我不懂字根，也不懂記憶方法，全靠死記硬背。

我每天上午和下午都特別抽出半小時來背單字，結果背了後面忘了前面，複習時發現根本沒記住幾個。當時感覺很絕望，認定自己一輩子都學不好英文了。

有次我躺在被窩裡睡不著，覺得不甘心，就拿起課本再複習一遍單字。第二天早上再背時，我驚奇的發現，前一晚背的單字竟然記得八九不離十。心想，難道被窩有神奇的力量？

我開始不斷折騰，甚至中午特地從學校跑回家，鑽進被窩背單字。最後我發現，記得牢和被窩沒有關係，而是在睡前和清醒後背單字的效果比較好。

多年後我才明白這個現象背後的道理，就是遺忘曲線的提出者赫爾曼・艾賓浩斯（Hermann Ebbinghaus）發現，記憶之間會互相干擾，尤其是相似的資訊。

這種干擾分為兩種：順向干擾（按：proactive inhibition，又稱順攝抑制或向前抑制）和逆向干擾（按：retroactive inhibition，又稱倒攝抑制或向後抑制）。順向干擾是指，舊資訊的記憶會干擾新資訊的記憶；逆向干擾則是，新資訊的記憶會干擾舊資訊的記憶。

記憶會相互干擾的原理又是什麼？如果我們每天晚上都在家裡吃飯，就很難記住前天晚上和昨天晚上吃過什麼，因為這兩段記憶的時間、地點、對象（家人）很接近，但如果前天晚上是和同學在餐廳裡吃飯，就很容易記住。

我一開始在上午和下午都抽時間出來背單字，結果上午的記憶干擾了下午的記憶，下午的記憶也干擾了上午的記憶。花了時間，效果卻不好。

從記憶干擾的角度來看，「睡覺前」和「醒來後」是記憶的兩大黃金時段！睡覺前不受逆向干擾的影響，更容易記憶已經接收的資訊；醒來後則不受順向干擾的影響，新記憶會比較深刻。另外，睡眠過程中並不會停止記憶，大腦會繼續歸納、整理、編輯、儲存接收到的資訊。

睡前這段時間非常寶貴，是學習的好時機，所以就寢後應盡量少閒聊、少玩手機。建議大家晚上睡覺前，快速翻看一遍白天的學習重點或錯題本，然後快速入睡，這樣記憶的效果最好。早上醒來後，再重複一遍睡前的複習程序。

方法二：縱向串聯知識結構，背一個等於背全部

深度挖掘新知識，了解更多背後的內容，即使這些內容不在考試範圍內，也可以幫助學習和理解。

因為了解這些延伸的內容，不僅能讓學習不再枯燥無趣，還有助於弄清楚知識脈絡。當對知識的領會越深刻，記憶也就越深刻。

費曼學習法強調系統化處理所學的知識，經過處理，學習者能夠將碎片化的內容串聯起來，再經過深度理解之後形成自己的知識結構。費曼學習法也強調學習者要深入理解自己所學的對象，再開始學習。這點非常重要，尤其是在背英文單字的時候。

例如，鐵匠的英文單字為什麼是 smith？那是因為鐵匠是用錘子擊打、加工東西，而擊打的英文單字是 smite。

後來鐵匠能加工的金屬變多，出現了分工，不同工匠會加工不同的金屬，像是鐵匠專門敲打黑漆漆的鐵，就稱為 blacksmith；而錫匠是加工白色的錫，於是稱為 whitesmith。再後來，還又延伸出專門用詞寫文章的作家，叫做 wordsmith。

挖掘 smith 這個字的故事，就可以同時學習、理解和記住 smite、blacksmith、whitesmith、wordsmith 這四個單字。

> 記憶英文單字的組成邏輯，和一些重要的字首、字尾，可以幫助我們把相關的單字串聯起來，還能夠透過這些系統理解其近義詞和反義詞，即使在考試中遇見完全沒有學過的單字，也能夠大概判斷出詞性和方向，寫出正確答案。

例如，以「ab-」開頭的單字，通常有否定、貶義的意思，比如 abnormal 是 normal 的反義詞，意思是「不尋常的，不正常的」，abuse 是 use 的貶義詞，意思是「不正常的使用，濫用」。

以「-less」為字尾的形容詞，通常是在否定某件事或某個行為，即是「無……的，不……的」，比如，careless 的意思是「不在乎的，不關心的」，priceless 的意思是「無價的，極其珍貴的」。

方法三：橫向分析，幫助理解更精準、記得更牢

橫向分析不同的知識時，我們可以把這些分析內容連接起來，這樣不僅可以理解得更準確，也能幫助記得更牢固。

例如在英文中，get 可以和各種介系詞搭配，get in、get on 都可以表示上車；get out of、get off 都可以表示下車。但它們之間有什麼區別？

get in 表示坐進比較小型的車，在車裡只能坐著的那種，例如家用轎車、計程車。與 get in 對應的下車，通常會用 get out of。

get on 表示坐進比較大型的交通工具，可以在其中站立的那種，例如公車、火車、飛機。與 get on 對應的下車，多半是用 get off。

經過對比，就可以將這些內容連接在一起，明確區分其中的不同，加深記憶。

方法四：語文類課程，用類比增加記憶

不同學科的課程之間，存在相同和相異之處，這時運用類比記憶法，會更容易

記住這些知識。

例如，中文和英文都是語文科，它們之間必然有相同之處和不同之處。要學好中文，需要先學聽、說，再學讀、寫，英文也是如此；學習中文需要大量閱讀，而學習英文同樣也需要大量閱讀。

中文有主詞、謂語（按：句子中說明主詞性質或狀態的描寫語，通常是動詞，或動詞加名詞的短語）和受詞，英文同樣也有主詞、謂語和受詞。中文有時間、地點、人物、事件，英文也是如此。

那中文和英文有哪裡不一樣？不同之處主要表現在文法上。

中文和英文雖然都有主詞、謂語和受詞，但是中文可以根據情境省略主詞和受詞，英語則不然。

例如，用中文回答「你喜歡旅遊嗎？」這個問題，可以回答：「喜歡。」（我喜歡旅遊，可以省略主詞「我」和受詞「旅遊」），但在英文裡，要回答「Do you like travel?」（你喜歡旅遊嗎？），則應該回答：「Yes, I like travel.」（是的，我喜歡旅遊。）

另外，中文常常把形容詞放在前面，英文則習慣把重點放在前面，先講語義或文法上的重點，再補充說明。

例如，中文會說：「一個非常努力學習的人。」

英文會說：「a person who study very hard.」（先說明一個人，再補充說明學習非常努力。）

方法五：內容沒邏輯怎麼記？創造背誦口訣

在學習過程中，會有大量知識需要記憶。有些有邏輯，背起來相對容易，有些沒有邏輯，就可能會背得很痛苦。對於一些沒有邏輯的內容，可以採用壓縮記憶法來背誦。

首先分類記憶的內容。將同類型的放在一起記憶，可以提高效率。例如，在背誦元素週期表時，可以按照直列來記憶；惰性氣體元素中的氦、氖、氬、氪、氙可以集中起來背；科學常識中的太陽系八大行星，也可以放在一起記憶。

第二步是分析歸類好的內容，去掉重複的部分，達到壓縮的效果。分析方法有很多，我們可以從漢字構成、詞語組成等不同角度來分析。

例如，氦、氖、氬、氪、氙具有相同的部首「氣」，可以把部首去掉，只記憶「亥、乃、亞、克、山」。「魑魅魍魎」的部首都是「鬼」，去掉後就變成「離、未、罔、兩」。

太陽系八大行星的壓縮比較複雜。其中，水星、金星、火星、木星、土星都具有「星」字；天王星、海王星包含「王星」兩個字；地球和其他行星的名字沒有相同之處。所以，整體可以壓縮為「水、金、地球、火、木、土、天、海王星」。

如果壓縮後的內容還是太長，就需要再進行第三步的整理，或是調整順序，讓語句押韻，記憶的內容會更朗朗上口。

每句內容控制在五個字之內，會更容易

壓縮記憶法

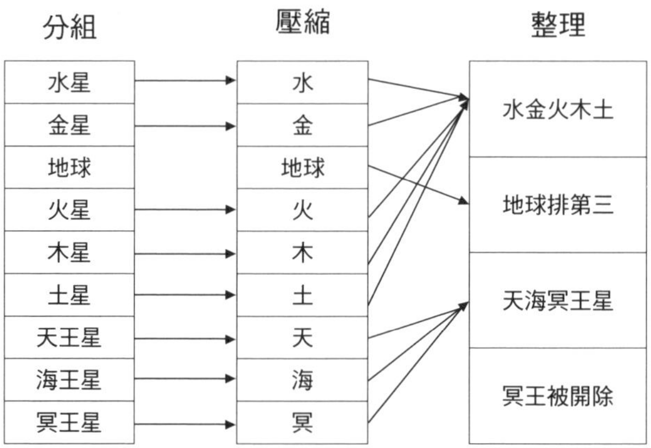

記住。以記憶八大行星為例，為了押韻，我們可將地球單獨拿出來，還可以結合歷史上對行星定義的變化，將冥王星加上，如右頁圖示。

在以上三個步驟中，我們不僅透過分類加深了對內容的理解，還分析了字形和發音，減少了要背誦的內容，最後，通過整理語句，降低記憶的難度，甚至讓內容變得有趣。

方法六：把知識變成方法，就再也忘不掉

在求學期間，很多同學來找我問問題。每天下午，他們就抱著課本、筆記和作業跑來找我，問完一個又一個。

等到每個都回答完，大半個小時都過去了，這時我想去教室外面透透氣，就看到同學們抱著球、滿頭大汗的跑回來，還對我大喊著：「班長，不要出去了，馬上要上課了。」

這樣的場景每天重複著。坐我旁邊的同學看不過去，就提醒我要多花一些時間在自己身上。我回道：「解答問題也是一種學習，而且效果好得很。」

當時我確實覺得這樣的學習效果很好，因為幫同學解答過的題目，我都記憶深刻。期中、期末複習時，我經常能回想起來，這個公式是李小華問過的，那道題目有講解給陳小明聽過。

甚至直到今天，我都還記得很多回答過的題目和解法，然而當年每天早上都在背誦的內容，現在卻忘得一乾二淨。

為什麼會這樣？這是因為大腦中的記憶會區分類型。不同類型的記憶，會留存下來的時間差別巨大。我們的記憶通常可分為知識記憶、經驗記憶及方法記憶：

知識記憶就是關於各種純粹知識的記憶，像是對於歷史人名、英文單字、數學定理等的記憶，都是這個類型。知識記憶很容易被遺忘，老師昨天上課時講的玄武門之變，我們可能今天就忘了主角的名字。為了記住這些純粹的知識，**需要花大量的時間記憶，但最終效果還是很差**。

我們對於經歷過的事情，會形成經驗記憶，例如今年的生日是怎麼度過的。這類型的記憶可以維持很久，像是我們會記得上週末去哪裡玩，也可能會記得幾個月前去看了哪場電影，甚至記得幾年前去過某個國家。

方法記憶則是透過大量練習而形成的記憶，例如用筷子吃飯、騎腳踏車等。這種記憶**也被稱為身體記憶，會記得非常牢固**，像是我們從來不會忘記如何用筷子吃飯；即使已經好幾年沒騎腳踏車，也不會忘記騎車的技巧，只是會生疏一點。各種解題方法和技巧也是這類型的記憶。

在這三種記憶中，方法記憶最難形成，但記憶效果最好；知識記憶最容易形成，但記憶效果最差。學校考試考核的，主要是知識記憶和方法記憶。例如，在國文考試中，字音字型考的是知識記憶，作文考的就是方法記憶。

在了解記憶的類型後，就可以針對目標練習，將不容易記住的記憶升級為更容易記住的記憶。

1. 知識記憶容易形成，也容易忘記。因此，就需要將其轉化為其他類型的記憶，比如經驗記憶。

例如我們背英文單字時，只背一次就會有記憶，但可能第二天就忘了。如果在生活中使用過幾次這個單字，就可以記住好幾週。

對於要背的公式定理，也是如此。自己推導公式定理，或是在做習題時套用過幾次，就可以記得更長久。這樣即使經驗記憶已經淡忘，也會先轉換為知識記憶，最後才會徹底忘記。

2. **需要大量練習才能形成方法記憶。**所以，為了形成解題時所需的方法記憶，就要有方向的多做題目，這也就是常說的「題海戰術」。一旦形成方法記憶後，就可以長期保留，像我直到現在對於幾何解題規則——輔助線的使用——都還依舊記憶深刻。

記憶類型不同，持續的有效時間也有所不同。了解記憶的各種類型後，就可以採用不同的記憶方式，將知識記憶升級為經驗記憶，將解題方法升級為方法記憶。這樣才能事半功倍，少做白工。

3 創造一點距離，擺脫誘惑更容易

為什麼人總是樂於做一些與目標無關的事情？例如滑手機、打電動，因為人都有拖延症。許多人不是沒有目標，也不是沒有時間，只是在制定目標之後拖延症發作，最終導致無法達成目標。要解決拖延問題，最好的方法是養成好習慣。

遲到的滿足感讓人容易拖延

為什麼好玩的事物會讓人欲罷不能？

原本的「快樂機制」，是用來獎勵人的生存和繁殖行為，例如吃飯能使大腦產生舒服和快樂的感覺。

這種「快樂機制」會透過化學語言——多巴胺來傳遞。

當人無法從自己的行動獲得快感時，就會喜歡享受當下的小事情帶來的即時滿足感。

例如，想得到好成績，就需要漫長的學習，和不斷複習的過程。但我們往往看一會兒書，就忍不住拿出手機看看臉書、傳幾句LINE。

因為做這些簡單的事情能得到「即時的滿足感」，而閱讀、學習、提升自己，這些事情都是「延遲的滿足感」，不會在短時間內得到很大的滿足，所以人就很容易拖延，甚至放棄。

會有這種「短視」行為，喜歡即時的回饋和滿足感，是人類的天性。

幾百萬年前，我們的祖先還在茹毛飲血、缺乏資源，經常吃完這一餐，不知道下一餐在哪裡，於是大腦便持續分泌化學物質，促使人類去尋找並攝入食物，且熱量越高、能儲存越多脂肪的越好。如果沒有這種機制，人類可能存活不到今天。

在這之後，人類又進化出了更高級的控制技能，學會了計畫，懂得放棄短期利益來達成長期目標。但人類大腦中原始的那部分並沒有消亡，它依然隨時在爭奪身體的控制權，促使人類尋求即時的滿足感。

想想看嬰兒最原始的生理反應：餓了就哭、吃飽了就笑。這就是即時滿足的反應。同樣的，如果一件事能在短時間內得到回饋，我們就會傾向於先做那件事。

這就是為什麼念一小時的書很難，而打一小時的電動很容易。因為每一個打電動的動作都有即時回報，大腦能得到即時的滿足感，而念書一小時，得不到明顯的回饋。

那些明明打開手機想要查資料，卻會鬼使神差的打開了臉書或LINE；打開電腦想要聽演講，卻不知不覺的看起了電影或電視劇；晚餐已經吃得很飽，睡前還是忍不住吃零食的行為本質，都是大腦那個「原始部分」在作怪。拖延不是某一個人的問題，而是人類的天性。

花十分鐘想想「如果不拖延……」，結果會不一樣

要如何改善拖延的問題？

簡單的說，就是**想辦法用「延遲的滿足感」來替代「即時的滿足感」**。可能有人會說：讓我延遲滿足，難道要一直延遲到老了再滿足嗎？

當然不是這樣。延遲滿足絕不是壓抑自己的需求，而是適當的晚一些再滿足，這需要我們和自己的大腦達成一個約定。

美國作家凱莉・麥高尼格（Kelly McGonigal）在《輕鬆駕馭意志力：史丹佛大學最受歡迎的心理素質課》（*The Willpower Instinct: How Self-Control Works, Why It Matters, and What You Can Do to Get More of It*）中提到一個方法：等待十分鐘。

在面對誘惑時先等待十分鐘，如果十分鐘之後還是想要，那就可以擁有它。但是在這十分鐘裡，你應當要想著長遠的利益。

我們可以把這個做法總結為：**創造一點距離，讓拒絕變得容易**。

例如在念書時，想拿出手機來玩之前，可以告訴自己：「等十分鐘之後再玩，如果十分鐘以後還想玩，就可以玩。」

但這十分鐘的時間裡，要思考玩手機對學習效率會產生什麼影響，有了這樣的思考，十分鐘過後，大家通常也不會再想玩手機。

這個方法還可以運用在那些「我要做」，但又總是拖延的事情上。

對於這樣的事情，我們可以告訴自己：先堅持做十分鐘，十分鐘之後如果覺得不想做，就可以放棄。

但通常只要不是自己厭惡的事情，開始做了以後，就很容易忘了十分鐘的約定，不知不覺就會做很久。

等待十分鐘的方法，是基於「即時獎勵」的原理。另外還有一種基於「未來獎勵」的方法，是從長遠利益出發，叫做「降低延遲折扣率」。

我們的大腦習慣於給未來的回報打折，但是每個人打的折扣都不一樣。有人打的折扣很高，因而對未來獎勵的預估會很低，就容易屈服於眼前的誘惑。而有的人打的折扣低，對未來獎勵的預估比較高，他們通常更關注這個更大的獎勵，並耐心等待它的到來。

> 當受到誘惑，要做與長期利益相悖的事情時，可以思考一下：這種行為意味著，我們為了即時的滿足感而放棄了更好的獎勵。然後再想像：得到了「未來獎勵」，未來的我們正在享受著自制的成果。

問一問自己，願意用「未來獎勵」換取正在誘惑我們的短暫快感嗎？這種方法是為了增加「未來獎勵」的價值，降低延遲折扣率。

例如，我正在準備高考，不經意間想拿出手機來玩。在玩之前，我想像了一下：現在玩手機就會減少複習時間，很可能會因此而高考失敗。這是我希望看到的結果嗎？

再想像未來的我已經考上理想的大學，然後憑藉好學校文憑的優勢，進入大企業工作。

這個時候，我還願意放棄那個未來，繼續玩手機嗎？

這種方法最重要的，就是「我」對於未來的期待是什麼？當人們對未來的期待越高、越明確，延遲折扣率就會越低，也就越願意放棄眼前的利益，而追求長期的利益。

所以，知道自己真正想要什麼非常重要。只有真正想要的東西，才可能觸發內心的動力，為了它，我們才有可能放棄即時獎勵帶來的滿足感。

所謂對未來的期待，其實就是「夢想」，當一個人有夢想，也就有動力堅持去做能夠實現夢想的事情，抵制可能阻礙夢想實現的誘惑。

當一個人可以清晰的知道自己想要什麼，並能夠時刻警惕自己時，就可以「以終為始」的去做那些重要的事情。

擺脫拖延的下一步：養成習慣

改善拖延症，最好的方法是養成良好習慣。

如果仔細觀察學霸，會發現每個學霸都有一些好習慣。有的學霸習慣每天早起念書；有的學霸習慣睡前把白天學到的所有課程複習一遍；有的學霸習慣整理做錯的習題，研究之前犯過的錯誤，從而讓自己不再犯錯。

養成好習慣，我們就不需要總是刻意要求和提醒自己，很多行為可以透過潛意識自然發生。

所有減肥後的反彈，都是因為我們沒有把這份看似難受的堅持化為習慣，而是當成階段性任務。這就好像有些人把考上名牌大學當成人生終極目標一樣。一旦達成，似乎人生就圓滿了，就可以放縱自己，「混」到畢業。然而他們忘了人生的路很長，這只走了一點點而已。

重點不是我們要階段性的完成什麼，而是我們要成為什麼樣的人，為了成為那樣的人，又應該養成什麼樣的習慣。

古希臘哲學家愛比克泰德（Epictetus）說：「不要把信仰掛在牆上。如果你想做事，就得養成做事的習慣；如果你不想做事，就不要靠過去。」如果信仰只停留在口頭上，那就毫無意義。

時間久了，習慣就會變成品質。其實習慣和品質本就是相輔相成，習慣鑄就品質，品質促成習慣。

既然養成好習慣有助於學習，那麼，利用有限的自制力去養成習慣，就是徹底解決拖延症的關鍵。

養成習慣並不是一件輕鬆的事，原因在於，很多人不知道形成好習慣背後的原理，必須依賴四個部分：信念（Belief）、提示（Cue）、慣性行為（Routine）和獎勵（Reward）。

●信念（Belief）

信念是習慣養成的最高層條件，是向自己解釋「為什麼」。

為什麼有人要養成早睡早起的習慣？因為他的信念認為，早睡早起有益身心健康。為什麼有人要養成每天放學後念書三小時的習慣？因為他的信念認為，這有助於自己未來的發展。

相反的，為什麼有人並不在意養成早睡早起和每天念書三小時的習慣，有時候是因為他們的信念認為，這跟身心健康和未來發展沒有太大關係。有沒有關係是「事實」，認為它們有沒有關係就是「信念」。強化自己的信念，有助於獲得精神上的正面回饋和動力。

●提示（Cue）

提示是觸發習慣的開端，提示有很多種，可能是時間、地點、事件或場景。例如，我們早上刷牙洗臉，這一連串行為的提示是起床這個動作。如果有人每天睡前習慣看臉書，那麼提示可能會是他躺下來、蓋上被子的動作。如果有人習慣在客廳看電視，提示則可能會是他走入客廳這個動作。

提示是大腦中一個習慣流程的開始，是養成習慣必備的一環。提示本身沒有好壞之分，決定習慣對我們是否有利的，是由提示所引發的一系列慣性行為。

●慣性行為（Routine）

慣性行為是無意識的。例如有人一打開電腦，就會先打開網路遊戲；有人一到辦公室，就會先泡一杯咖啡。

在養成新習慣的過程中，需要靠自制力來修正那些引起負面效果的舊行為，將其替換為新的慣性行為。

在更正壞習慣的過程中，要格外留意引發它的提示，同時關注自己的行為，並不斷提醒自己不要重蹈覆轍。

建立良好的慣性行為非常消耗時間和精力，因為不僅需要自制力去克服舊的行為，還需要在行為結束時獲得一定的正向回饋，也就是接下來要說的「獎勵」。

●獎勵（Reward）

獎勵是習慣養成中至關重要的一環，但我們往往容易忽略它。

為什麼壞習慣容易養成且難以改變？那是因為它們獲得的獎勵往往即時且明顯。想想看，打電動、逛臉書、網路購物，哪個不是這樣？

好習慣難以形成，恰恰是因為短期的獎勵不夠明顯。背單字、健身、念書等行為，往往需要較長的時間才能看到效果，有些人天生能從過程得到激勵，但大部分的人都不行。

所以，我們需要適時的獎勵自己一下，例如記錄自己的成長和進步，達成一些小目標時就去吃一頓大餐慶祝一下等。

關於養成習慣，需要保持積極、開放、成長的態度。如果想養成學習和健身的習慣，就多去看看那些可以享受學習和健身的人是怎麼做到的，嘗試學習他們的方法，把目光放在積極面上，而不是懷疑自己。

第4章

不想讀和不會讀，你是哪一種？

正面情緒能給人正向的動力，觸發積極的行動；負面情緒則會讓人不願行動。發現學習的樂趣，調整情緒，建立行動力，能讓我們學習得更有效果。

1 鈍感力可以帶來好成績

觀察身邊的同學會發現，用功的同學往往能保持好心情。上了清華後，我觀察到身邊的同學尤其如此。即使課業繁重，大家也能微笑面對，甚至調侃幾句。

我們會受到各種外界因素的影響，產生負面情緒。例如：好朋友相約出去玩，明知道我有時間，卻沒有來「揪」，就會感到氣憤；辛苦寫了一篇好作文，卻沒拿到高分，也會感覺不公平；出教室門時摔了一跤，還被同學嘲笑，更會覺得倒楣。

會有這些負面情緒，是因為很多同學總是幻想最壞的結局，例如考砸了，同學會不會看不起我？老師會不會覺得我不用功？感覺天都要塌下來了。但其實事情沒那麼嚴重。應該著眼未來，好好的準備下一次考試，不要花太多時間和精力為過去煩惱。

任何事情都有好的和不好的一面，如果專注在不好的一面，只會讓心情無比糟糕。像是做錯了一道題目，心裡很難過，但可以往好的一面想：現在發現問題，及時糾正，考試時就不會再錯了。

也有同學喜歡貼標籤，但不是貼別人，而是給自己貼標籤。例如：英文和國文都是語言類學科，自己國文學得不好，就認為英文一定也學不好。雖然國文和英文都是語言類學科，但是還沒開始學，怎麼知道結果會如何？這是典型的還沒開始努力，自己就把自己打敗了。

還有些同學會錯誤歸因，像是請教老師問題時，如果看到老師皺一下眉頭，就覺得老師嫌他笨，問的問題太簡單，但其實兩者之間並沒有任何關係；或是總想著是別人這裡不對、那裡不行，才害得自己沒有做好，然而別人怎麼做是別人的事，我們能管好的只有自己。不要過分關注別人應該做什麼，不要寄希望於別人的行為，不要把問題歸因於別人，要做的是多想想自己應該怎麼做。

用接納消除負面情緒

負面情緒會讓人流失很多精力。要避免負面情緒，可以從三方面著手，第一個是接納自己。

費曼曾經對他的學生真野光一說：「不要因為沒有得到諾貝爾獎而感到頹唐，不要妄自菲薄。既不要用年輕時的幼稚想法去論斷自己，也不要用他人的眼光和想法來評價自己。」認可自己不是萬能的，接納自己的缺點，承認我們是個普通人，不可能盡善盡美，這樣才能正視自己的錯誤，不會因為出錯而沮喪，也不會失去改進的意願。只要不斷改進，就會變得越來越好。

第二個是也要接納別人。我們不應該用自己的標準要求別人，但是卻應該用要求別人的標準來要求自己。不要試圖改變別人，每個人都有自己的生活方式，可能別人粗魯、不講禮貌、不守時，但那是他的問題。如果因為別人的缺點而鬱悶，那就是「用別人的錯誤來懲罰自己」。

費曼的老師約翰·馮紐曼（John von Neumann）教他一個獨特的道理：你不需要為身處的世界負責。要對自己有信心，按照自己的想法生活，看看不同的地方，學習不同的知識，這比什麼都重要。

除了人之外，也要接受現實，事情可以很糟糕，但不是我們想像的那麼糟；事情可以很完美，但也不會像我們想的那麼完美。只要接受現實，就不會有那麼多的負面情緒。

學會接納自己、接納別人、接受現實，要理解地球不會繞著我們轉，世事不如意很正常，只需要做出努力，然後接受結果就好。

用鈍感保持開心

以前念書時，班上總有些同學成天不開心，充滿了負能量，若是問起原因，不是被某個同學背後說壞話，就是衣服弄髒了，或是忘記帶鉛筆盒。

總之，他們每天都有不開心的理由，無法集中注意力。結果導致每次都考不好，就更加不開心，從而陷入惡性循環。

其實，不如意的事總會發生，遇到不如意的事時該如何保持開心？這時候就需要鈍感。

什麼是鈍感？

舉個例子。夏天的時候，大家在戶外乘涼，張三的手臂被蚊子叮了一個包。由於被叮的地方非常癢，於是他開始抓撓，結果很快就紅腫起來。但是，他還不停手，繼續抓，最後導致皮膚潰爛。

李四同樣也被蚊子叮了，但是他只輕輕的拍打一下，把蚊子趕走就算了。被叮的地方好像並不怎麼癢，他一臉毫不在乎的表情。

很明顯的，張三比較敏感，李四比較鈍感。

在皮膚感知上，有敏感和鈍感之分；在情緒感知上，也有敏感和鈍感的差別。鈍感可以讓人忽略一些細枝末節，把注意力放在重要的事情上。所以，鈍感會演化為一種力量，讓我們更專注於學習。

要擁有鈍感，需要遵循以下五條鐵律：

1. **忘卻不快之事**。生活中總有不開心的事，面對這些事情，鬱悶得再久也無法改變。與其這樣，還不如關注未來，尋求解決方法。如果解決不了，就放下，不再糾結。

2. **認定目標，即使失敗仍要繼續挑戰**。對於重要的目標，必須堅持到底。考砸一次並不丟臉，因為還有下一次，只有放棄才是真正的結束。

3. **坦然面對流言蜚語**。八卦是人的天性。我們在八卦別人時，別人也在八卦我們。每個人都可能會被一些言論困擾，這時辯解只會激起更多人的八卦心理。只要坦然面對、不去理會，流言蜚語自然會慢慢消失。

4. **對嫉妒諷刺常懷感謝之心**。別人的嫉妒和諷刺並不一定是壞事。當被人嫉妒，說明我們具備別人所羨慕的東西，這時該做的，是繼續保持原本的狀態。當被人諷刺，則說明我們做得不夠好，還可以改進。所以，換個角度來看問題，就能發現一些意外之喜。

5. **面對表揚，不得寸進尺，不得意忘形**。表揚是對我們取得成績的肯定，如果過度沉迷其中，而忘記保持前行，那就會退步。面對表揚，應把它當成「我做得到」的動力，而不是前進的絆腳石。

不論身處什麼樣的境況、遇到多少次挫折，我們都需要具備鈍感。只要始終相信沒有所謂的失敗，只有暫時的停止，持續朝著目標前進，就會成功。

2 把學習當成打怪，你會忍不住再來一局

很多人喜歡打電動，覺得遊戲能帶來快樂，於是花大量時間在打電動上，荒廢了學業。如果學習也能像遊戲一樣讓人上癮，一定大家都能成為學霸。

把學習當成遊戲，不是不可能，因為費曼就是這麼做，而我也是這麼做。

但為什麼大家都喜歡打電動？又為什麼很多人打電動上癮？明知道打電動浪費時間，為什麼還是忍不住「再來一局」？

遊戲會讓人上癮，大致可以分成三個原因。

第一個是時間短但成就感強。在遊戲中打怪升級，大腦會分泌多巴胺，讓人產生很強烈的成就感，並且迫切的想再獲得更大的成就感，於是不自覺的繼續玩下去。而且遊戲中的每個任務時間都不會太長，短則兩、三分鐘，長則一小時，因此遊戲能讓人在短時間內獲得滿足感和成就感。

第二個是上手容易。大部分的遊戲入門都很簡單，只需要幾分鐘時間就能摸清

規則，入門後又很容易取得一些小成績，這樣可以保持自信心，進而產生更多的熱情，不斷挑戰更高難度。

第三個是目標可期。雖然遊戲也有各式各樣的關卡，但由於規則明確，會給人能夠掌握未來的確定感，於是有信心堅持下去。

善用多巴胺和腦內啡，把學習變快樂

費曼小時候家裡有一套《大英百科全書》（*Encyclopædia Britannica*），父親經常讓他坐在腿上，念書裡的內容給他聽。

有一次講到恐龍，書裡說：「恐龍的身高有二十五英尺（七・六二公尺），頭有六英尺（約一・八三公尺）寬」。

講到這裡，費曼的父親停住了，然後接著說：「讓我們想一下這是什麼意思？這表示，假如有一隻恐龍站在我們的院子裡，牠能搆到二樓的窗戶，而且腦袋比窗戶還要寬。」

父親的引導讓費曼產生了很多聯想，他想：「世界上居然曾經有這麼大的動物，卻不知道什麼原因滅絕了。」

因為父親總能把一些抽象的知識變成身邊看得見、摸得到的東西，這讓費曼覺得學習知識是一件很有趣的事，甚至對一些未知的領域感到興奮。

很多人說學習是痛苦的，但為什麼學霸上課、寫作業卻很開心？學習到底能不能讓人快樂？想知道答案，就要先了解快樂是如何產生的。

人的快樂和大腦中的兩種物質有關，分別是多巴胺和腦內啡。

多巴胺是一種神經傳導物質，是用來說明細胞傳送脈衝的化學物質。這種腦內分泌物和人的情緒、感覺有關，它會傳遞興奮及開心的訊息。另外，多巴胺也與各種上癮行為有關。

腦內啡則是一種腦下垂體分泌的類嗎啡生物化學合成物激素，能產生止痛效果和快感。腦內啡也被稱為「快感荷爾蒙」或「年輕荷爾蒙」，能使人保持年輕快樂的狀態。

這兩種物質都可以讓人體驗到快樂、愉悅的感覺，但兩者有什麼區別？

多巴胺是一種獎勵機制。很多人都有這樣的經歷：上網看影片時，會不停的點開下一則影片，似乎下一則的內容會更精采，而激發這種強烈期待的物質就是多巴胺。多巴胺產生的饑渴感遠大於滿足感，會誘導大腦做出錯誤的判斷，不停尋求新的刺激。

腦內啡是一種補償機制。跑步時累了、跑不動了，如果繼續堅持跑下去，人體就會分泌大量腦內啡，使人一整天的心情和狀態都會非常好，這是對感覺痛苦的一種補償。

當準備了很久的期末考試拿到好成績的那一刻，學習過程中那些單調、無聊、痛苦都會煙消雲散，這時所體會到的快樂，就是腦內啡帶來的。

所以，多巴胺會讓人們渴望理想、產生動力，腦內啡則是在實現理想的過程中協助緩解痛苦。那麼，該如何在念書過程中合理利用它們？

第一個方法是心理暗示。面對不願意碰觸的學科，要想到學習它的好處。例如，找出這門科目比較有趣的知識，或是考出好成績後，班級排名會上升，也會得到老師的讚許，而有成就感。第二個是堅持運動，通常運動三十分鐘以上，人體就會分泌腦內啡。第三個是要多笑，有實驗證明，大笑能立刻讓大腦分泌大量腦內啡，讓人瞬間感覺良好，另外大笑也能幫助緩解壓力。人會因為開心而笑，也會因為笑而開心，經常笑，人自然就會快樂起來。

每個人的情況不同，理解原理後，我們可以找到適合自己的方法來執行。一旦學習過程不再痛苦，就可以積極面對各門學科，這時大腦就會更主動接受新知識。執行結果就會是：念得更快，記得更牢，成績也更好。

給讀書設定一些任務，創造成就感

讀書要有熱情，就要像玩遊戲一樣學習，費曼對待學習的態度就是如此。就像遊戲中的任務都很明確，讀書任務也應當明確。例如將一週念一百個成語，明確劃分為週一到週五，每天上午念十個成語，下午念十個成語，週末則列為機動時間，補充遺漏或沒學會的成語。

再把每個細化的讀書任務寫下來，像完成遊戲中一個個任務一樣，去完成讀書任務。每完成一個，就用紅筆劃掉，每天中午、晚上定時檢查，增加成就感。

如果對某個學科還沒有足夠的興趣，每天自主學習這門功課的時間就不宜過長，可以控制在半小時左右，避免產生負面情緒。此外，每個學科都有它獨特的美，我們可以嘗試發現不同學科的美。藉由課前預習或了解關於某個學科的新鮮事，能幫助消除對它的陌生感，讓學習變得更容易。

還可以多和用功的同學、學霸交流，吸收正能量，避免抱怨。因為抱怨不能解決任何問題，還容易讓人喪失熱情。

念書時，我們還要避免兩個誤區。第一個是：每個學科的念書時間不能太短，例如剛拿起國文講義寫了十分鐘，就換成英文課本。我們進入學習狀態往往需要幾分鐘，每換一門科目，就需要轉換一次注意力，這會讓大腦更容易疲勞。

第二個是：過分依賴物質獎勵。很多人在念書時會過分依賴外在、間接的物質獎勵，透過滿足學習需求之外特定的欲望，來獲得成就感，例如考到第一名就去吃大餐。物質獎勵如果是短期、單次的，也許有效，但過分依賴這種獎勵，會造成欲望期待值提升，很難長久有效。

3 念書的道理我都懂，就是考不好？

常聽到很多人說：「我只要稍微用功一點，也能成為學霸。」是的，學霸和普通人一樣，沒有特異功能，不是智商高到不可逾越，也不是什麼天才。他們和普通學生的唯一區別是，他們會「堅持」，而普通學生不會。剛開始，普通學生還能望其項背，久而久之，就變得望塵莫及了。

記得我在上高中時，臨近高考前的模擬考試非常頻繁，最頻繁時能達到一個月兩次。那時班上有些同學會有時考得好，有時考不好。

有一位張同學的態度和行為很有意思，當他考得好時，通常不會特別說什麼，覺得這是他正常發揮真實水準。當他考得不好時，就會說題目不合理、太偏門、沒有代表性，或是老師批改考卷太主觀等。

張同學天資聰明，班導師認為以他的能力，考入一所好大學理應沒有問題。可是他對自己成績忽上忽下的反應，卻令班導非常頭疼，還為此找他談話好幾次，期望能改變他對這件事的認知。

可是張同學不以為然，他始終認為自己不需要改變什麼，成績時好時壞很正常，繼續做自己就可以了。漸漸的，班導也不再找他談話了。

後來，張同學高考失利。這一次，他沒有像平常那樣抱怨這、抱怨那，而是默默的選擇重考。

有意思的是重考這一年，帶他的還是原來的班導（按：中國重考可選擇回原校插班高三班級，或是另尋專門的重考學校）。我不知道後來這一年發生了什麼，只知道，張同學順利重考入了理想的大學。畢業後，他在許多人的羨慕之下，進入中國前三大之一的網路公司做程式設計師。

聽同學說，他工作後變得非常成熟穩重，早已不像高中時期那麼憤世嫉俗，那麼總是活在自己的世界裡了。

人們都有自我防禦心理，為了保護自尊，不讓自我價值受到影響，會下意識的「欺騙」自己，認為別人的意見是因為他們不懂、有偏見，或是不了解情況等；也會找到一個角度給予「負面歸因」，認為別人的評價不正確、不客觀、失真，他們自認為的才是對的、客觀的、真實的。

這樣會讓他們很難聽取別人的意見，而片面的堅持自己的觀點，從而每天、每時、每刻都難以做出理性的判斷。

其實，當別人想提醒我們時，無須那麼緊張，放下心中防衛，認真聽聽看別人的意見，又有何妨？站在另一個角度來看，客觀的審視一下自己再回應對方，不是更好？

有些人會下意識的認為是對方有問題。但就算如此，也不代表自己沒有問題。事實上客觀來說，誰又是完美的？其實每個人都有問題。

不喜歡被否定、被挑剔的背後，有著這樣一個「霸道」的邏輯：你只能喜歡我，不能否定我；只能對我溫柔，不能挑剔我。

無論對方有沒有感受到，人們已經先在心中設立了這樣的障礙，阻礙了有效的溝通。

巧用自我暗示，把防禦變成行動力

一些雜誌、網站上，時常會看到娛樂性質的心理測試，題目類似於：「準到爆，測一測你是什麼樣的人？」

這種心理測試通常題目不多，只由一個或幾個問題構成，內容也很簡單，比如會問：「你來到一個花園，看到裡面種滿了花，你希望是下列哪一種花？」或者「你來到一個莊園旅遊，希望這個莊園是下列哪一種？」

選完之後，會出現像這樣的答案：「你是一個喜歡得到他人讚揚的人，但有時會在意自己的一些小毛病，有時也會懷疑自己是不是在用正確的方法，做正確的事情；有時候喜歡接觸新鮮事物，不喜歡生活在框架的限制下；喜歡獨立思考，不輕信別人的觀點……。」

當我們正準備讚嘆這個測試很準的時候，大腦中會有個聲音，叫我們看一下其他選項的答案怎麼說。結果是：

A. 你的意志力強，外表和善，有夢想，看重有利於己的人際關係。有時會顯得性格急躁，對不利於己的事情會有抗爭的想法，對愛情和婚姻的看法比較現實。

B. 你有時感性、有時理性，會以是否投緣來選擇朋友。有時孤傲、有時溫情，有時急躁、有時沉著。有時喜歡按常規辦事，有時不喜歡。

C. 你聰明機靈，待人熱情，愛交朋友。善於發現自己感興趣的事情，有時勇於冒險，有時較膽小。渴望浪漫的愛情，但對婚姻的要求比較現實。

奇怪？細細品味之後，怎麼這些選項也都好像在形容我們？這是怎麼回事？有一個心理實驗可以解釋這種狀況。

一九四八年時，美國有位叫巴南．佛瑞（Bertram Forer）的心理學家做過一個實驗。他讓一整個班級的學生做一份性格測試問卷，學生們填完問卷並上交之後，佛瑞告訴大家，他會深入分析這些問卷內容，每個人都能拿到針對自己性格的分析結果。

第二天，佛瑞準備了一堆一模一樣的性格分析報告發給學生們，然後讓他們對這份報告和自己性格的相符程度打分數。結果八五％的人都認為報告非常符合自己的性格。

佛瑞的研究發現，當人們面對一個模糊的描述時，會不自覺的將它與自己的情況匹配並對號入座，然後會覺得這個描述就是在講自己，這種傾向後來也被叫做巴南效應．或佛瑞效應（Forer effect）。

人為什麼會產生「巴南效應」？這其實是源自於稱為「主觀驗證」的思考模式，當有一種觀點被專門用來描述自己時，我們就很可能會接受這種觀點，尤其當它是積極和正面的時候。

例如，當有人對我們說：「你是一個內心善良的人」、「你是一個勇敢有擔當的人」或是「你是一個誠實守信的人」，我們會很容易接受，並且很快相信這些都是真的。

在我們的大腦中，「自我」占據了大部分的空間，所有關於「我」的正面事物，都很重要而且容易接受。

要如何應用這個原理？比較好的做法是進行自我暗示，即是不斷的告訴自己：我的行動力和執行力都很強。

行動大於計畫，結果不好勝於沒有結果

我曾經在網路上看到這樣一則故事。

有一個美國人，一直想到中國旅遊，於是做了一個旅行計畫。他花了幾個月時間閱讀搜集來的資料，包括中國的藝術、歷史、哲學、文化等資訊。他訂了機票，並制定了一個詳細的行程表，還在地圖上標出要去觀光的每一個地點，並且連每個

小時要去哪裡都決定好了。

有個朋友知道他很期待這次旅遊，也為這次旅遊做了很多準備，於是在他回國後特地到他家做客，問他：「中國怎麼樣？」

這人答道：「我猜中國應該是不錯的，可是我沒去。」

朋友大惑不解：「什麼！你花了那麼多時間準備，卻沒有去，出什麼事啦？」

他回答道：「我喜歡做旅行計畫，但我不想去機場，所以沒去。」

這個故事聽起來很不可思議，但我們身邊很多人都做過類似的事，有時連我們自己也是這樣。不管夢想多麼美妙、計畫多麼周詳，如果不採取行動，夢想只能是空想。

正如詩人艾青所說：「夢裡走了千萬里，醒來還是在床頭。」千里之行，始於足下。行動是實現目標的唯一途徑。如果只規畫、不行動，即使成功的果實就在眼前，我們也採不到。

做了，就有可能成功；不做，永遠不可能成功。

有「打工皇后」之稱，原職是醫護人員的吳士宏，她職業生涯的起步，就是從進入IBM（International Business Machines Corporation）公司開始。當年她去面試時，還只是個護士，在經過充分準備之後通過了幾輪面試。

到了最後一關，有位面試官問她：「你會不會打字？」

吳士宏條件反射的回答：「會！」

面試官又問：「你打字速度有多快？」

吳士宏反問：「您的要求是多少呢？」

面試官說了一個數字，吳士宏立即回答：「我可以！」

面試官又說：「那下次要考你打字哦。」

吳士宏點頭答應。

面試結束後，她就找朋友借錢買了一部打字機，瘋狂的練習了一週，達到了面試官要求的速度。

但最後，ＩＢＭ一直沒有考核她的打字能力，但儘管如此，她還是因為努力練習而多掌握了一項技能。

如果當年她沒有當機立斷的告訴面試官，自己可以熟練的打字，而是思前想後、支支吾吾，她很可能就不會順利進入ＩＢＭ，也就不會有後來職場上的發展。

思考、準備不是壞事，但過度思考常會成為行動的絆腳石。雖然未來仍是一片未知，但即便走錯路也會有收穫。所以永遠不要只停留在設想而已。

三思而後行的意義，不是想得多、做得少，世界上有很多事無法以現在的視野看清楚，必須先走兩步才能逐漸認清，而且必須動作快，因為經過深思熟慮再決定要行動時，往往會發現一切都已經太晚。就像我很多高中同學在踏入社會之後，才發現當初在學校真的應該好好用功念書。

就算沒有計畫，也要先行動起來，在行動中找問題，以及解決問題的方法。我們要的是創造結果，而不是停留在思考階段，或是美妙的藍圖中。

不完美的行動比完美的計畫更重要，一個不那麼理想的結果，總比沒有結果來得強。

「不想做」和「不會做」，你是哪一種？

教育家俞敏洪曾經對學生們說：「所有人都是凡人，但所有人都不甘於平庸。你們一定要相信自己，只要艱苦努力、奮發進取，在絕望中也能找到希望，平凡的人生終將會發出耀眼的光芒。」

生活中有許多次機會，讓我們不得不面對自己身上的缺陷和弱點，現實會一次又一次的提醒：我們不是完美的人，我們需要改變。

可是人性天生懶惰和脆弱，大部分的人會選擇麻痹自己，只求短期、即時的滿足。只有少數人會選擇改變，於是就會有痛苦、反覆、放棄，但也有成功。

然而，為什麼人會不喜歡行動？因為不願意做，和不會做。

不願意做的常見原因有三種，第一種是動機不明確。為什麼要做？為了更好的生活，還是為了完成某種使命？因為看到某個畫面，還是要向某人證明自己？如果無法釐清動機，那就先靜下心來好好分析清楚。

第二種是意志不堅定。很多人一會兒想這樣，一會兒又想那樣，例如：今天覺得念書是唯一的出路，應該好好努力；明天又覺得念得不好其實也沒關係，〇〇〇以前功課不好，現在一樣過得很好；後天又覺得他會成功不代表自己也會成功，所以還是要好好用功。

還有的人會有一些限制性信念，缺乏自信，總覺得自己不行、覺得做了也不會有結果，這時就必須擺脫限制性信念，相信自己，付出行動。

至於因為不會做而不喜歡行動的人，則是常會說：「之所以不做，是因為不知道怎麼做。如果知道怎麼做，當然就會去做。」這個說法聽起來沒錯，可是不會做是誰的問題？父母、學校、老師，還是自己？

要解決不會做的問題，可以問老師、問同學、上網找資料、多看幾遍書之後再行動……選擇如此之多。我們又不笨，只要肯學，會有多難？

一個行動勝過無數個空想，不要讓夢想只是空想。哪怕只是一個小小的目標，也要行動起來才可能實現，小目標累積起來，就會變成大成就。

為什麼有些人懂那麼多道理，卻仍過不好這一生？那是因為別人在「做」，而他們在「看」。每一個趨於優秀的人格、成熟的心智，都是經過多次自我改造和行動的結果。

不試圖改變自己的人，會過著日復一日的生活，面對那些早已爛熟於心的風景；而對於正在改變和行動的人來說，每一天都是新生活。

只有堅持信念，並積極投入其中，腳踏實地去改變、實踐、行動，才有可能獲得屬於自己的精采！

第5章

人難免分心，用一點壓力拉回專注力

在讀書之前要先設定好學習目標，有了明確的學習目標，
才知道讀書的方向是什麼，也才能有效評估成果。

1 我要好好念書，「好好」的定義是？

開始念書之前，要制定明確的學習目標，而學習目標應當與考試成績有關。

費曼學習法十分強調設定目標，它可以幫助我們在開始念書時找到清晰的方向，有明確的目標，才會有動力。費曼曾說：「**如果你喜歡一件事，又有這樣的才能，那就把整個人都投入進去**，就要像一把刀直紮下去一樣，不要問為什麼，也不要管會碰到什麼。」

目標不能隨意設定，需要遵循SMART原則，即是具體的（Specific）、可以衡量的（Measurable）、可以達到的（Attainable）、具備相關性的（Relevant），和有明確截止期限的（Time-bound）。

● 具體的（Specific）

目標必須是特定、明確的，不能籠統。例如，張三把學習目標設定成要好好念書，但是好好念書是他要追求的狀態，並不是一個具體的目標。什麼是好好念書？如何衡量念書的好壞？好好念書具體指的是念什麼？應該念多少？要把什麼學科念到什麼程度？如果不明確定義這些問題的答案，那這個目標就有問題。

●可以衡量的（Measurable）

目標要細化為能以事實為依據，或是可以量化。例如，張三的學習目標是學好數學。這個目標就無法衡量。怎樣算是學好數學？是數學考到幾分？還是數學成績在班上排名第幾？

可以衡量的目標不一定非要量化，但要以事實為依據。例如，能夠完整解出某種數學題型，能夠記住所有的數學公式等，只要是基於某個可以被觀測或檢驗的事實，就代表這個目標是可以被衡量的。

●可以達到的（Attainable）

目標應是在付出努力後能夠被實現的，也可以將其認定為：目標不要設定得過高或過低。

例如，在滿分為一百分的數學考試中，張三的成績每次都不及格，這證明他的數學程度較差。然而張三給自己設定的學習目標是：一個月後讓數學成績達到九十五分以上。雖然這不是一個完全不可能達成的目標，但相較於張三目前的程度來說，難度太高。

設定這樣的學習目標，如果在付出很大的努力後仍然無法達成，很可能會打擊張三的自信心。所以目標應當設定為自己經過努力後，可以達成的程度。

● 具備相關性的（Relevant）

目標要對實現最終願景或更大的目標有所幫助，而且自己設定的多個目標之間要有一定的關聯性。

例如，張三的數學成績很差，原因是他的基礎很差，很多基本觀念沒有真正弄懂。為了提高數學成績，他給自己設定的目標是：「每週看三本與數學有關的課外讀物」。

看數學相關的課外讀物和提升數學成績之間，有多大的相關性？能幫助他加強數學基本觀念嗎？還是能夠提高數學成績？顯然兩者之間的相關性並不強。

● 有明確截止期限的（Time-bound）

實現目標要設定一定的期限。例如，張三想提高數學成績，設定的學習目標是：「練習一百道數學題目。」這個目標雖然與提高數學成績有一定關聯性，但是什麼時候開始？什麼時候完成？並沒有說清楚。

圍繞目標學習，有五個方向

如何圍繞目標開始念書？有五個方向，分別是：要有明確的計畫和安排、帶著問題學習、遵循「七二一法則」、減少無效訊息，及有效的擴充學習資源。

1. **要有明確的計畫和安排**。有了目標之後，還要有圍繞目標的讀書計畫和行動安排。例如，每天晚上回家寫完功課後，怎麼進行讀書計畫？先念哪一科再念哪一科？先預習還是先複習？

2. **帶著問題學習**。學校要求學生有系統的學好每一門課程，但這不代表就要被動的等待老師灌輸知識。我們的大腦傾向於解決問題，會因為發現問題而開始思考，所以一定要帶著問題學習。

3. **遵循「七二一法則」**。行動學習理論認為，人要掌握一門技能，需要有一〇％的時間學習知識和資訊，七〇％的時間練習和實踐，二〇％的時間與人溝通和討論。這個理論被稱為七二一法則。

每天上課時的聽講，對於資訊接收非常有用，而剩下的練習和討論，往往需要在課後完成。我還在求學期間，就經常聽到很多人說，看某學霸平時也不怎麼念書，為什麼還能考得很好？其實大家看到學霸時，大多都是在學校裡，是大家一起學習知識的時候。而沒有看到學霸的時間裡，他們是怎麼念書的？和誰一起討論題目？我們並不知情。有可能我們看到學霸的時間，對他學習效果的影響只有一〇％，而沒有看到他的時間，對他學習效果的影響可以達到九〇％。

4. **減少無效訊息**。我們沒有必要時刻關注網路上的各種訊息，因為會很容易被誘導去瀏覽一些看似有趣、實則無用的內容，進而讓資訊變得雜亂。因此需要審視那些花費時間的訊息，思考有哪些是完全沒有必要的。

5. **有效的擴充學習資源**。大部分人要找資源時，第一個反應就是上網搜尋，這看起來很快速，卻很容易讓人陷入困境，因為網路資訊太多，這裡查一查、那裡看一看，一不小心，可能好幾天都得不出結論。第二個反應是買書來看，但這也有問題，因為一般人要完全消化一本書的內容，至少需要一週的時間，而且前提還必須是選對了書。

在這個資訊爆炸的時代，訊息已經多到讓人無法負荷，所以有效的擴充學習資源絕不是增加資訊，而是篩選和刪除資訊，可以先從尋求有經驗的人協助開始，根據所面臨的問題找到能解決的人，例如老師或是學霸；再看看身邊功課好的同學都是怎麼念書的；最後才是有系統的看書。

把知識串聯成網，學習更有效率

我在學齡之前，認識的數字只有 0、1、2、3 等整數。上了小學後，認識的數字增加到小數。到了初中，數字世界多了負數。到了高中，又有了虛數一說。數字的範疇越來越大，相關的運算法則也在不斷變化。

學到了負數之後，「3-5」這個算式從錯的變成了對的，曾經有很長一段時間，我很不適應這種變化。因為我總覺得，既然花了時間學習，並且做了練習，就應該一勞永逸。

但我這種認知總是不斷的被打破，於是漸漸發現，學習知識需要時間，掌握方法也需要時間，這個過程可能是幾天，也可能是幾年。要想取得好成績，就得加快這個進程。

● 大量練習

首先，不論是學習新知識還是新方法，都需要大量練習。對於新知識，我們需要熟練，並將其與以前學過的知識連接起來，這時候就必須大量做習題。習題可以讓我們熟悉和領悟每個知識，以及不同知識之間的關係。例如，在學習整數的加減時，從一位數開始，逐步進入兩位數、三位數的加減，其中，兩位數、三位數的加減，是以一位數的加減為基礎。

對於學習新方法也是如此。在初中時，為了掌握二元一次方程式的解法，大家會做大量的練習題，甚至會把小學時做過的題目重新再解一遍。大量的練習，有助於在不同場景理解並掌握各知識以及學習方法，能否掌握前期的知識和方法，會直接影響後期的學習效果。

●提前了解

每當開始學習一個新課程或新方法，也就意味著未來會接觸更多新事物，而這個未來可能是幾天之後、幾個月之後，也可能是幾年之後。對於這些新知，可以等待老師講解，也可以自行提前了解，而提前了解有助於學習和理解現有內容。

例如，小學時，我對於為什麼「3-5」是錯的就很疑惑。因為買菜時，母親買三元的菜，付出去五元，找回來兩元。「5-3=2」可以正確表示這種情況。

但是有時候母親買五元的菜，卻只付出去三元，這時賣菜的大媽會說：欠我的兩元下次補上。課本明明說「3-5」無法計算，這是怎麼回事？

在接觸了負數概念之後，我才徹底明白「3-5=-2」，從此我就有意識的超前學習和了解，這樣不僅提前知道了很多觀念和方法，還能更深入領會當前的課程。

我們學習的所有知識和方法都是互相關聯的，它們可以構成一個龐大、複雜的網絡，沒有任何一個內容是孤立存在的。求學就是為了建構這個知識網，而建構是一個長期的過程，主動進行大量練習和提前了解，正是為了加速這個過程，讓學習更有效率。

●反思檢討

費曼學習法中一個重要的部分，是理解和複述學習的內容，再聚焦於複述時的盲點，找出自己知識的弱點。這個過程需要不斷反覆複習和檢討之前學過的內容，篩選出最核心、最重要的知識。

這個階段不僅僅是要回顧自己學了什麼，還要發現在複述哪些內容時卡關，並進一步分析卡關的原因，是沒有進行深度的理解記憶，還是沒有梳理清楚知識之間的關係，從而發現知識網的漏洞和盲點。然後再回歸知識網本身，重新學習遇到阻滯、模糊不清，或是有異議的地方。

2 最好的學習態度：七分聰明三分傻

讀書對於每位同學而言，有不同的意義。有的人把讀書當成痛苦的折磨，有的人把讀書當成遊戲，也有人把讀書當成和吃飯、睡覺一樣的日常行為。不同的認知會決定各自對待學習的方式，因此只有正確認知，才能做好讀書這件事。

新知沒化為行動，就只是學到「感覺」而已

現代人經常每天花大量時間在臉書、LINE、Instagram 等網路世界裡，瀏覽各式各樣的最新資訊、熱門評論、流行文章等，自己不知道的訊息。

這些人一旦從繁忙的課業中抽身出來，就忍不住拿起手機開始上網、分享，每天都沉浸在「啊！又學到新知識了！又獲得新想法了！」的喜悅和滿足中。

當有人質疑他們，為什麼要花那麼多時間在手機上時，他們會說這是「碎片化

學習」，雖然不是在吸收學科知識，但這些社會知識也很重要，對寫作文也會有所幫助。

每天花那麼多時間去吸收各種知識和資訊，到底有沒有用？看起來有用，實際沒用。

利用碎片時間，「高效」的看了十多條新聞、翻了五、六篇文章，認為自己對這個世界有不一樣的見解後，又能怎麼樣？看了這麼多新聞，真的提升寫作能力了嗎？看了這麼多養生資訊，生物成績有更高嗎？

所謂學習，究竟應該學什麼？是指學習知識然後儲存在大腦裡嗎？

我們來看一組資料：

全世界每天約有四千本書出版，超過四億字；

《紐約時報》（*The New York Times*）一天的文字量，約等於牛頓所處時代的人一生的閱讀量；

一個專業領域，每天有近一千篇文章正在產生……。

片面的資訊等同於「自媒體速食」，就像垃圾食品一樣來得快、去得快，除了留下一身「肥肉」，沒有什麼營養價值。

人們在傳播這種資訊時，為了讓大眾容易接受，通常會刪減掉複雜的內容，留下的往往是知識系統的冰山一角。

學習不只是為了知識本身，而要把學習二字拆開來看，是學「基於待解決問題的相關知識」，習「對知識的深度思考和應用能力」。這才是學習這件事情的核心內容。

要深入思考和應用知識是件很困難的事，需要時間和空間、碎片知識和整個知識網共同運用，遠比迅速點開一篇標題有趣、內容空洞的文章難得多，但是有九〇%的人會選擇點開那篇文章。

人們會因為不斷從網路獲得新知識、新觀念而開心，彷彿已經了解世間的一切事物，但是真要把這些新知、觀念轉化為能力並實際執行，還需要一段相當漫長的攀登過程。就像學開車時，要經過初期會左右搖擺或迷離游移，之後才有可能如老司機般駕輕就熟；或是像學游泳時，要忍受剛開始下水時會嗆幾口水，之後才會如魚兒般在水中悠然。

因為人們忍受不了這種漫長的攀登過程，就會下意識的喜歡新知帶來的快感，於是繼續瘋狂上網。

時間一長，人們就會發現自己的眼界越來越廣，脖子越來越長，但是手腳越來越笨，漸漸成為一隻患上「知識癱瘓」（按：形容隨著知識增加，思維能力大幅提高，但行動能力大幅降低）**的「長頸鹿」**。

這些「長頸鹿」們總喜歡以求知為藉口，把大量時間花在網路上，但他們沒有越學越有智慧，反而變得越無能。

我有個清華學霸校友Scalers，是個社群名人。他在自己的公眾號（按：微信公眾號，類似於臉書的粉絲專頁）裡寫過一篇文章，名字叫〈學到知識和學到知識的感覺〉，其中提到許多網路上的「知識型IP」（按：IP指智慧財產權〔Intellectual property〕，知識型IP指在某領域持續產出原創內容的人），最終帶給大眾的只是「爽」感。這篇文章中有這樣一段話：

> 如果想要在知識創業時代打造出好的商業模式，更應該著重給消費者營造一種「我學到了知識的感覺」，但這其實和知識沒有半點關係。
>
> 我以前看過一個資料，一篇Nature/Science（按：應指《自然》期刊〔Nature〕）的論文，所需要的投入是十六萬美元（資料可能不準確，歡迎提供引

證），而「學到知識的感覺」，其實是一種像焦慮一樣、可以批量生產、快速分發、規模收割的虛擬商品。

所以，網路上各種「牛人」（按：網路用語，形容此人非常厲害）所謂的「知識變現」（按：把知識變成產品，再透過有系統的管道及行銷手法銷售出去的流程），追根究柢是一種「感覺變現」、「體驗經濟」、「情感行銷」，和大眾真正想要的、真正有幫助的知識，其實沒有什麼關係。

讀到這裡，你可能會有種發現驚天祕密的感覺，但如果沒有認真理解和有效實踐，也許同樣也只是得到了「學到知識的感覺」。

我們真正想要的知識，需要經過不斷攀登來取得，真正需要的能力，也應藉由不斷實踐來鍾鍊。

避免浮躁和急於求成

人為什麼會浮躁？

有人說，浮躁來自於人們內心的矛盾。

當有功課必須完成，同時也有一場很喜歡的電影要看，在面臨選擇時，最好的做法是，要麼選擇放鬆心情去看電影，全心投入電影世界，在電影結束前不去想功課的問題，也不思考看電影可能會對功課產生的影響；要麼選擇認真念書，在沒念完之前，不要想這部電影會有多精采，錯過了會有什麼損失。

但是，大部分的人選擇看電影後，卻又在看電影時想功課的事情；或者選擇了念書，卻在念書時想電影的問題。所以就有了矛盾和糾結。

智者懂得世間處處是不可兼得之事，所以一開始就擇其一，並專心的做好它。把時間和精力花在什麼地方，就會收穫相應的東西。如果把時間花在吃，通常會得到脂肪；如果把時間花在玩，通常會得到空虛；如果把時間花在讀書，通常會獲得知識和遠見。

因此，問題不在於時間，因為每個人每天的時間一樣多。問題在於，我們如何選擇。

有一本名叫《異數：超凡與平凡的界線在哪裡？》（*Outliers: The Story of Success*）的書說：每個了不起的「大師」，都是經過差不多一萬個小時的練習，才最終成功。

學習是一個過程，猶如春耕秋收，有如同種子發芽般改變的階段，並不如許多人想像的那般容易。投入時間和耐心堅持，是成為學霸的必經之路。

在南美洲，有一個海拔四千多公尺、人煙稀少的地方，生長著一種叫萵氏普亞鳳梨的植物。它的花期只有兩個月，盛開時美麗到極致，枯萎時淒美且悲涼。

然而，這種花為了這兩個月的花期，總是靜靜佇立在高原上，用葉子接收陽光，用根莖汲取大地的營養，忘我的營造著自己的芬芳，就這樣默默等待了百年。

在冰天雪地的北極，時時可見厚厚的冰層上有一些冰洞，它們是海豹的出氣口。一隻體形碩大、渾身雪白的北極熊，正晃動著略顯笨拙的身軀，在這些出氣口間來回徘徊，期待著能夠獵取到定時上來透氣的海豹。

因為海豹能夠藉由北極熊行走時冰層的振動，覺察到牠的一舉一動，進而選擇恰當的出氣口。因此，大多數時候北極熊的來回奔波只是徒勞。

當北極熊意識到這種情況後，便會停止會暴露行蹤的走動，堅定的守住一個出氣口，一動也不動。北極熊的「不動」顯然比「動」更容易成功。

因為北極熊沒有動靜，海豹就對冰面上的情況一無所知，判斷出氣口是否安全的準確率就會降低，因此選擇出氣口時往往是很大的賭博。

而由於海水的浮力，海豹一旦露出水面，想在短時間內再返回水中幾乎是不可能，這時如果出氣口邊恰有一隻北極熊，很可能就會面臨危險。

但北極熊的成功率並不會因此提高多少，因為一隻海豹的出氣口有十幾個之多，想捕捉到一隻海豹，需要付出長久的努力和等待。

冰天雪地中的這種等待，考驗著北極熊的毅力、意志和勇氣。雖然狂風會吹得牠雪白的絨毛如波濤起伏，揚起的雪屑落在眼睫毛上，讓牠睜不開眼睛。但由於對生存的渴望，不管等待之路有多漫長、難熬，北極熊都會堅持下去。

對於馬和駱駝這兩種動物，俞敏洪曾表示比較喜歡駱駝，因為兩者的壽命差不多，但駱駝一生走過的路卻是馬的兩倍。

俞敏洪說，人應當具有駱駝精神，而不是駿馬精神。如果把人生的旅程想像成穿越漫漫沙漠，更能勝任這段旅程的，顯然是有韌性、能堅持的駱駝。

俞敏洪曾講過一個關於麵粉的道理。他說，一堆麵粉放在桌子上，只要用手一拍，麵粉就飛散了，這就像是大多數人面對挫折時的心態。但如果在麵粉中加一點水後再拍，它就不容易飛散；如果再多加一點水，揉一揉，麵粉變成麵團，這時它就更不容易散。我們也要具備這樣心態，才能在社會上生存。

當感覺人生不如意，或覺得再也堅持不下去時，請記得對自己說：「沒關係，這些都是必須經歷的成長過程。」

踏實一些，不要著急，對準方向，用正確的方法，最終定會透過努力獲得自己想要的東西。

「傻」一點，才會學得更扎實

我高中時有個同學，他初中時的功課很好，很多人遇到不會做的題目時，都會請教他。

到了高中後，課程的難度和分量明顯加大許多，他的成績開始慢慢下滑，在班裡處於中等水準。

我坐在他隔壁的期間，發現他有個很大的缺點，就是非常自傲。老師上課時，他總是在才講了開頭就「秒懂」了，然後就不認真聽課。

而他又很好面子，不會做的題目從來不問別人，有時候自己憋一整天，也搞不懂一道題怎麼做，最後就放棄了。

最終，他高考考得不太理想。

我們在學習時，最好表現得「傻」一點，不要礙於面子就不敢請教同學。

這裡的「傻」不是表面的客氣和禮貌，而是發自內心覺得自己不懂，想要學習和進步，是從零出發，想要完全弄懂知識。

所謂的「空杯心態」，不是簡單的把自己想成一個空杯子而已，而是要有吐故納新的能力。

李小龍曾經在自己的紀錄片中說：「清空你的杯子，方能再行注滿，空無以求全。」在人生的道路上，我們會不斷遇見各種挑戰，要時刻把自己清空，成為一個空杯子。

費曼也曾對自己的學生說過，不要假裝自己聽懂了課程內容，並裝作一副高高在上的樣子，想把別人比下去。他還告訴這些學生，不要浪費自己和他人的時間，因為這樣的行為其實很不明智。

有的人覺得自己在接受，其實內心並不接受，因為他們覺得自己什麼都知道。有的人覺得自己在學習，其實根本沒有學習，因為他們自認為很聰明，別人說的都已經懂了。

自作聰明的人喜歡「秒懂」，當別人說一件事時，才剛說了開頭就會搶道：「啊！我知道！我明白！我了解！你說的是……這個事情我之前……。」

對於普通的小事，「秒懂」也許沒有太多壞處。

我們要七分聰明，三分傻。在輸入時傻一點，輸出時聰明一些。今天先把自己當傻瓜，提出問題，等知道答案之後就會更聰明。要有這種心態，我們就會比昨天更進步。

3 讓專注力成為你的超能力

大腦在讓人類獲得高智商的同時，也帶來了巨大的能量消耗。為了減少能量消耗，人類養成了不過多思考與基本生存無關的事情，以節約能量的習慣。這也造成了我們在學習時很難專注。

學霸與成績中等的同學差別在於，**學霸不僅能夠在學校高效學習，還能在家裡也高效學習**，而很多同學在學校可以保持良好的學習狀態，但是一回到家中，就很難繼續保持專注。

想要成為學霸，就必須先了解自己為什麼無法專注。

● 家人的干擾

很多家長希望孩子專心用功，但不懂得如何提供安靜的念書空間，常常出現孩子在念書時，一下端來水果，一下過來詢問進度，有意無意的打擾。

家人共同創造的環境也有很大的影響，如果家中其他人每天晚上都在看電視、玩手機，孩子就算想用功也很難念得進去；但如果大家也都在看書或安靜的工作，孩子想玩也玩不起來。

另外，只要手機或玩具在視線範圍內，很多同學即使一開始不想玩，也會忍不住多看幾眼，然後看著看著，就不自覺的拿起來玩一陣子。其實，所有和休閒娛樂相關的事物，都可能會影響專注力。

●動力或壓力不足

很多人有偏科（按：指某一科目成績特別好或特別差）的情況，這一點連學霸也無法倖免。我在讀清華時，很多同學都偏科，原因之一可能是不喜歡某門課程。如果特別不喜歡某一個科目，就會導致無法全心投入課程。

很多同學是因為學習動力不足，而缺乏專注力。他們會認為，作業寫完就好了，考試及格就夠了。一旦出現類似的心態，就很難專注下去，多半會在書念了一會兒之後就直接放棄。

除了動力之外，缺乏專注力的原因還在於缺少壓力。例如：只需要集中精力半小時就可以完成作業，但因為距離睡覺還有三個小時，就覺得不用急著寫；每天只需要拿出一小時來複習就夠了，但距離期末考還有兩個月，認為現在複習有點太早，就不行動。

想提升專注力，可以加一點壓力

專注也是一種能力，是需要不斷修練和培養的技能。有人說專注力取決於先天資質和耐力，實際上這是一個天大的謊言。

《專注力，就是你的超能力》（自分を操る超集中力）曾說，生活中的任何抉擇，其實都是消耗專注力的行為，我們要開源節流的使用寶貴的專注力。

教育家瑪麗亞．蒙特梭利（Maria Montessori）說：「最好的學習方法，就是讓學生聚精會神的方法。」那麼，有什麼方法或技巧可以提升專注力？

- 適度的壓力

適度的壓力可以讓大腦進入興奮狀態，在這種狀態下，人會集中精神，學習效率變高。

我們可以透過三種方法產生適度的壓力，第一種是規畫時間，例如安排晚上八點到十點必須用來念書；第二種是設定明確的任務，可以和同學相約執行，互相監督；第三種是記錄問題，例如每天必須記錄三個自己的弱點，並且認真反省。

適度的壓力能激發潛能，但過度的壓力往往會壓得人喘不過氣來。當壓力過大時，要強迫自己冷靜下來，尋找行之有效的方法去應對。

在面對壓力時不要焦躁，也許這只是生活中的一點小考驗，要相信自己能處理好一切。

●配合情景

配合情景在提升寫作能力上尤為管用。像我經常帶兒子去近距離接觸大自然，兒子每次都玩得很盡興，還對一路上奇怪的動植物很感興趣，不停提問。

有一次，兒子的作文得到老師誇獎，說他將畫面描寫得很生動。這是因為透過與大自然的近距離接觸，讓他記住了豐富的素材，自然能寫得繪聲繪色。

這個方法，對於所有能把知識和情境聯繫在一起的情況都適用，例如背誦古詩詞的時候。

● 交叉學習

大腦是分區域的，如果長時間學習同一科目，會反覆使用同一個區域，這樣大腦很容易疲憊，從而注意力渙散。

這時可以換讀另一個科目，使用不同區域，讓大腦保持新鮮感。例如可以文理科目交叉學習。

減少干擾、增加休息，能延長專注力

每個人無法專注的原因都不同，找到導致自己無法專注的因素後，就可以針對問題採取措施，保持專注力。

如果房間裡有手機和玩具，就要主動將這些東西放起來，不讓它們出現在視線範圍內。眼前只保留和當前學習任務相關的東西，像是相關的課本、習作本和文具等，盡力做到「眼不見，心不想」。

開始念書之前，也可以先和家人打招呼，避免他們無意間干擾到自己。另外，不要選擇在嘈雜的環境中念書。很多同學會去咖啡店或速食店念書，但這些地方往往比較嘈雜，外界干擾較多，反而很難集中精力。

念書時還可以使用番茄工作法，設置一段時間的學習目標（初期可以先設定念書二十分鐘，休息十分鐘，後期再逐步加長念書時間，縮短休息時間），給自己一定的學習壓力，進而迫使自己專注於當下所做的事，這可以有效解決因為壓力不足造成的學習不專注問題。

最重要的是，好的身體狀態是學習的基礎。應盡量保持睡眠充足，合理安排飲食和運動，保證每天都精力充沛。如果感覺疲勞，可以先閉眼休息二十分鐘，等恢復精力後再繼續看書。

總之，我們要減少外界的干擾、給自己一定程度的壓力、保持足夠的精力，才能維持專注力，在家裡也能高效學習。

第 6 章

我有認真聽，還是沒有懂？

要有優秀成績，就要跟老師互動，

主動坐第一排，用眼神表情告訴老師我沒聽懂，

多接觸老師，是為了以後少接觸老師。

1 大腦只會記住開頭和結尾

好好聽課是取得良好學習成果的第一步。同一堂課，每個人的聽課效率有所不同。上課期間，懂得聽課的同學能學到的知識，會比不懂得聽課的同學更多。

用「上下半場策略」解決上課渙散問題

我有個高中同學屬於小迷糊類型，他在剛開始上課時精力充沛，但過了十分鐘後，就開始犯迷糊（按：指意識不清、昏睡），再過十分鐘，又開始恢復正常狀態，導致每節課都有一部分內容學得糊裡糊塗的。有一次期末考，他坐在角落裡竟然睡著，直到打呼才被老師發現。

很多學生有類似的感受，每節課剛開始和快結束時，比較容易集中精力，但在課堂中間就容易鬆懈。這樣的學生對於老師上課講解的內容，自然也是只能掌握剛上課和快下課時的內容，對於課堂中間的內容就沒有把握。

為什麼會出現這種現象？主要有以下兩個原因。

●記憶角度

心理學裡有一個序位效應（serial-position effect），是指在一段連續的學習中，**大腦最容易記住開頭和結尾部分的內容**。

因為在開頭部分，大腦會把最新接收的知識作為核心，然後圍繞這個核心繪製一幅圖，而後續接收到的資訊都會被加入這幅圖中，這被稱為首位效應（primacy effect）。而結尾部分的內容由於是最後學到的，有著短期記憶的優勢，表現出來的記憶效果最好，這被稱為新近效應（recency effect）。

●精力管理

每個人的精力有限。大多數人的注意力，只能持續集中三十分鐘左右，有的人甚至更少。一旦超過這個時間，就可能出現這種「開頭努力，結尾努力，但中間鬆懈」的現象。

因此，在像考試這種超過六十分鐘的事件中，我同學會出現中途睡著的情況就不難理解了。

那麼，這樣的同學應該怎麼辦？

除了平時要練習和提升專注力之外，還可以運用「上下半場策略」。

一節課有四十五分鐘，我們可以將其一分為二，前面二十分鐘為上半場，後面二十五分鐘為下半場。這樣，一節課就有兩個開頭和兩個結尾，中間則被壓縮了。

我們可以將上半場的前十分鐘設置為開頭，中間五分鐘設為過渡期，後五分鐘設為結尾。然後將下半場的前五分鐘設為開頭，中間十分鐘設為過渡期，後十分鐘設為結尾。

在開頭和結尾時，要集中注意力認真聽課；在過渡期，如果已經很熟悉老師講的內容，則可以稍微鬆懈一下，再認真聽課。這樣，一節四十五分鐘的課程中，有三十分鐘用於全神貫注的高效率上課，有十五分鐘屬於過渡期，這樣記憶效果和注意力都能變得更好。

我這位同學後來就是運用這個方法，減少上課時的渙散時間，考試時也不再睡覺了，成績突飛猛進，最終成為學校裡的傳奇人物。

回答問題、傳遞表情，就是要跟老師互動

我的小學老師曾經教過一個聽課的方法，讓我受用終生。那時我上小學二年級，由於環境艱苦，沒有教室，大家只能在麥田裡上課。

那時有十幾個孩子拿著小板凳上課，每次聽課的座位都是隨機的。當時所有孩子都想往後躲，這樣就可以偷偷聊天，不用認真上課。

我最初也是這麼做，但老師的一段話改變了我的想法，也改變了我的人生。他說：「你們想讓老師喜歡嗎？想成為尖子生（按：指成績出眾的學生）嗎？想好好讀書，將來有出息嗎？那就坐到前面來，這樣就能成為成績最好的那一個。」

聽完這番話之後，我主動坐到了前面。正是這一次，我被老師表揚了，感覺很開心，於是後來就一直這麼做。

為了得到更多表揚，我每次都坐在第一排，積極回答問題，盯著老師的眼睛，猜他要問什麼，不知不覺中就成為班上第一名。

這種與老師互動的做法，我一直堅持到上大學。念大學時，我每天上課都主動坐到第一排，因為這樣可以集中精力，更快的吸收知識。

當然，在大學之前，座位往往是老師安排的，學生無法改變，但這種上課時與老師互動的做法，卻是不論坐在哪裡都可以進行。

上課時與老師的互動，不只是回答問題，眼神交流、傳遞表情等也是重要的互動方式。

例如，上課時聽懂了某個重點後，不要吝嗇自己恍然大悟的表情；老師講到幽默處時，也不要吝於微笑；認為老師講得有道理時，就大方點頭表示肯定。這些表情和動作，都是非常積極的互動。

從學習的角度來說，保持互動這樣簡單的行為，能帶來非常多的好處。首先是積極主動參與課程，能激發學習興趣，產生更多的學習熱情。這不僅可以幫助我們快速理解課程內容，還可以加深記憶，從而保持長期專注，減少分心的次數。

其次是如果在課堂上能夠主動回答老師的問題，則能促成更有價值的互動。因為大腦在上課過程中，會逐步形成對知識的記憶，但這時的記憶是模糊的，而回答問題時，大腦需要對記憶進行整理、細化，就會讓我們對知識的理解更為精確。回答問題後，再藉由老師的回饋，還可以發現理解上的偏差和錯誤，並及時糾正。

此外，學校課程是長期的，每個人都需要不斷建立自信、獲得成就感，才能更有學習的力量。除了自我激勵外，來自外部的鼓勵也是獲得成就感的方式之一。在學習過程中，老師的肯定和讚許非常有價值，一次表揚就可以讓學生連續幾天都很有學習衝勁。

在費曼學習法中，成就感主要來自於知識的輸出過程。用簡單、易於被理解的語言，輸出抽象複雜的知識，可以快速得到接收者的回饋，這既能幫助對方，也能使自己有成就感。

老師不怕你答錯，就怕你不說

初中時，數學老師特別喜歡問全班問題，像是一邊寫黑板，一邊問：「等腰三角形有幾個底角？」一聽到尾音上揚，大家就知道該回答問題了。在這個過程中，我們每個人都跟著老師的提示，主動思考學過的內容，很少會走神。

對於有難度的問題，老師會點名提問，被點到名的同學都會快速整理思路、組織語言、說出答案。

自習課時，老師會走下講臺，在教室裡巡視。當老師走到旁邊時，大家也會提出自己的疑問，尋求老師的解答，以解決在學習中遇到的問題。

這些互動極大的提升了大家的學習效率。但也有很多同學出於各種原因，錯失了這種學習機會。

大部分不願意積極互動的同學，都是心裡想太多，導致「張不開嘴」，常見有以下四種情形。

● 懼怕公眾場合

很多同學不敢在人多的場合發言，總是怕出醜。但其實這裡有個認知誤差，就是：人們擅長記憶對自己有利或有害的事情。所以，出醜的事情往往只有當事人會記住，周圍的人通常不記得。

初中時，我有一次穿了兩隻不同的鞋去學校。隔壁同學發現後笑得前仰後合，捧著肚子趴在桌上起不來。當時我尷尬得想找個地洞鑽進去，這件事我一輩子都不會忘。

幾年後，我和他說起這件事時，他瞪大眼睛問我：「有這件事嗎？我怎麼完全不記得了？」看吧，這件在我看來非常重要的事，在他眼中其實根本不重要。

●怕沒有存在感

有的同學覺得自己成績不佳，老師可能對自己沒印象，所以上課時不敢舉手作答，下課後也不敢去問問題，擔心老師認不出自己，讓雙方都尷尬。

實際上，大部分的老師記性都很好，只要上過兩堂課，就能記住大部分的同學，但有些老師教的班級比較多，也許確實會有這樣的問題。

但就算如此，這也是人之常情，老師記不住學生的名字，並不代表就不重視我們。事實上，越不積極和老師互動，才會越沒有存在感；反過來，越積極互動，才越能讓老師記住我們。

為了以防萬一，我在課後問老師問題時，都會先自報姓名家門，比如「我是○班的○○○」，老師通常都會回應：「我記得你。」

●怕問題太簡單

有些同學擔心自己提出的問題太簡單，會被老師批評。但其實老師從來不怕學生的問題簡單，而是怕學生不動腦。

我有時也會覺得自己提的問題簡單，對於這種情況我的做法是，把自己的思考過程和困惑說給老師聽。

老師其實很喜歡聽到這樣的提問，因為這種問題往往有代表性，表面看起來簡單，實則內有乾坤，可以幫助他們調整教學方法。這樣，我不但解決了自己的問題，還幫助了老師。

●不喜歡老師

還有些同學不喜歡某個老師，或者因為某件事情生老師的氣，就遇到問題時寧可問同學，也不問老師。這是非常不明智的行為。

授業解惑是老師的職責，而且老師的經驗更豐富，在解答問題上，老師往往比同學更專業。

另外，越是不喜歡某位老師，反而越應該嘗試和對方互動，在過程中增加對彼此的了解，更容易消除各種誤會。

做好三件事，提問效果更好

在學校時，學生和老師之間會有各種形式的互動，問問題就是其中一種重要的互動方式。不過所謂互動，並不限於老師提問，學生回答，也可以是學生向老師提問，請老師協助解答，這能促使主動思考，挖掘更深層次的內容。

費曼從小學習成績優秀，也正源自於他總是不斷提出問題。費曼提出來的問題，通常是基於他對學到的事物更深層、更多面向的思考。

很多同學不擅長提問，我將我的方法總結如下：

第一個是做好準備。在提問之前，要先想好問題並且寫下來。同時還需要整理出自己的思考流程。這樣在提問時，老師可以了解我們是怎麼想的，找出真正的問題所在。解決一個問題的思路，往往可以解決一整串相似的問題。另外，要為自己和老師分別準備好筆和紙，方便老師透過書寫為我們解答。

第二個是和老師約定時間。有些問題解答需要很長時間，下課時間往往不夠用。所以在提出這類型問題時，可以提前和老師約定解答時間。這樣老師有充足的時間解答，我們也可以詳細講述自己的思考流程，得到老師的建議。

第三個是提問時一定要保持專注，避免被周邊環境干擾。老師解答時要跟著他的講解思路走。

老師書寫分析時，一定要讓老師使用我們準備的紙，這樣才方便帶走回顧。解決問題之後，還要徵詢老師的建議，以指導自己同類問題的學習方法。

最後是一定要回顧。問題解決後，要及時整理自己的提問、老師的解答和建議。整理時要比對自己和老師的思路有哪裡不同，並進行分析。

在仔細思考老師給出的建議後，列出可執行的具體措施，執行幾次之後，再將實施效果回饋給老師（這很重要）。

2 複習有三寶：筆記、講義、錯題本

已經學會的東西，必須不斷應用和檢討才記得牢，因此一定要定期複習、查漏補缺，透過梳理知識系統來加深記憶。**筆記、錯題本和講義是複習的重要工具，善用這些工具，才能事半功倍**。

學霸和中等生的主要區別之一，就在於複習。學霸會藉由複習達到滾瓜爛熟，形成直覺反應；而中等生往往只能做到好像每個學過的東西都會一點。

更有甚者，很多內容沒有複習到，也就根本沒發現自己還不夠了解，於是越不察覺，便越覺得沒必要複習，越不複習，則越不了解，從而陷入惡性循環。

所以很多中等生覺得複習沒意義，但其實不是沒意義，只是他們不知道該複習什麼，以及不知道該怎麼做。這樣一點一滴累積下來，就拉開了中等生與學霸之間成績的差距。

在學校課程中，大家常用到的複習工具是作業。作業可以幫助訓練閱讀能力、

表達能力，鞏固相關的知識，不過如果只靠寫作業來複習，還遠遠不夠，因為這是透過外部題目刺激，來引發我們檢索已學習的內容，在寫的過程中，大腦是被動的去對應經驗記憶，學習效率不高。

此外，作業常見的形式通常只有選擇題、填空題和問答題這三種，邏輯相對固定，而且很多題目的形式和內涵重複，因此若是僅用作業來複習，效果不佳。雖然有時會變換題目形式，但仍經常混雜了很多已經熟知的內容，使得真正需要複習的只占一小部分，會把大量的時間和精力浪費在不必要的複習上。還有些題目為了有趣，會加入了大量的故事，光是題幹就有兩、三百字，需要讀很久，也浪費時間。

因此，作業雖然是一種複習形式，但耗費的時間長，效率也很低，完全依賴作業是不現實的。要想學習效率高，就需要主動複習，也就是採用更靈活、更有目的性的方法，有以下三種：

●總結複習

總結複習可以在兩個時段進行，第一個是下課後，主動整理一遍上一堂課的學習重點；**第二個是每天晚上睡覺前**，主動總結當天學到的東西。

下課後應趁熱打鐵，用兩分鐘時間整理，了解自己對課程的掌握程度。如果發現有不清楚的地方，可以馬上問老師或同學。不要小看下課後的這兩分鐘，這是及時鞏固學習內容，加深理解和掌握度很重要的一步。

另外還可以利用睡前半小時總結當天學到的東西。睡前半小時是黃金記憶時間，睡覺時，大腦會整理和加工記憶。所以，利用這個時段複習，不僅可以加深記憶，還可以加強理解。對於英文單字、歷史年代這種零碎的內容，可以先抄在紙上，方便睡前閱讀。

● 抽卡複習

抽卡複習即是準備一疊卡片，分類整理每天的學習要點，記在不同的卡片上。例如，將惰性氣體的各種特性記在同一張卡片上，將國文的各種虛詞範例記在同一張卡片上。在等車或空閒時，便可以利用這些卡片複習，充分利用零碎時間。

● 目錄複習

當有較多時間時，可以利用課本上的目錄，回憶每個章節的概念、性質、公式，自己敘述一遍並寫下來，然後翻開課本對比，檢查有無紕漏。基於課本目錄的複習更為主動，由此建立的知識系統也會更完整。

心智圖只是複習工具之一，可以巧用，但別濫用

心智圖是系統複習的工具，很有用，但不要神話它。

有一次一位家長問我，他的孩子讀小學四年級，成績不理想，想要透過學習心智圖來提高成績，讓我推薦課程。聊完以後，我發現很多人把心智圖神話了，它沒有那麼難，但也沒有那麼神。

這裡要糾正五個對心智圖的誤解。

● 心智圖要畫得很漂亮

在很多教心智圖的課程上，為了課程效果，展示出來的範本都很繽紛多彩。有些孩子比較沒有美術天分，看到別人畫得這麼漂亮，就會退縮、沒自信。但其實不畫圖也可以做心智圖，追求把圖畫得漂亮，反而背離了心智圖的本質。

心智圖是畫給自己看的，更確切的說，不僅是給自己看，更是給自己用的。因此，圖的意義不是用於攀比，而是幫助自己釐清邏輯關係，讓大腦快速記憶知識。

●抄學霸的心智圖

有些同學為了偷懶，或者覺得別人的圖更漂亮，就直接將其照搬過來，這也是不對的。

製作心智圖的過程能促進思考，進而在思考過程中加深記憶。如果只是抄寫別人的圖，相當於放棄了珍貴的思考過程。

如果很欣賞別人畫的心智圖，可以嘗試自己畫一張，然後和別人的圖對比，看看哪裡不一樣，並分析為什麼會有這樣的差異。這個思考過程也是學習，一旦弄清楚了，也就是吸收到知識了。

●使用特定軟體

可以用來畫心智圖的軟體很多，有些軟體畫出來的圖確實很精美，會讓人糾結要用哪個軟體才好。然而這和追求漂亮的圖一樣，太過於看重形式，其實用紙筆手寫下來，記憶會更深刻。

●只是複製目錄

這也是一種偷懶行為，如果只是把大綱或目錄中的關鍵字堆在圖上，並不能因此就掌握到知識系統。每個心智圖都應該是獨家繪製、只適合自己。若僅僅為了畫圖而畫圖，即是自欺欺人、浪費時間，不如不畫。

●畫得太複雜

有的同學面對新知時，會覺得每一個都是重點，想要全部都放進圖裡，這是很正常的現象，但並不建議這麼做。在畫心智圖時，應該先明確自己的學習目標，只整理對自己有價值的內容。

費曼學習法的核心，是把最重要的知識在輸出時整理出來，透過深度的理解加工，提煉出最核心的要點。所以，利用費曼學習法畫出來的心智圖，應該清晰明確，能反映出一個知識的整體架構，並且能用一句話總結這個結構的涵義。

當天的筆記當天整理，最忌寫得滿滿的

老師上課時多半講得很快，有些同學的筆記寫得龍飛鳳舞，等到複習時才發現，不知道自己寫的是什麼。這其實是因為他們漏了「整理」這一步，而整理筆記其實非常重要。

1. 課後的二十四小時是遺忘的高峰期，在這段時間內，會遺忘七〇%的內容，而及時複習能減少被遺忘的比例。

2. 人的大腦更善於記憶有條理的東西，相較於課本，筆記是基於上課內容的總結，條理性更強、更適合記憶。

3. 老師在講解時，多半會加入手勢、語氣、表情等元素，在整理筆記時，有的人會自動將這些元素和學習內容結合在一起，把單純的知識記憶轉化為經驗記憶，而經驗記憶在大腦中存續的時間更長。

4. 透過整理筆記，可以對上課內容做第二次總結，便於後期複習。

很多同學不會整理筆記，把做筆記變成了抄課本，這是沒有用的。要有效的整理筆記，應遵循以下四個原則。

●不能拖延

課後要及時整理筆記，不可以拖延。整理筆記時，要對照課本和原有筆記，回憶老師上課時講解的內容。所以當天的筆記，一定要當天整理，否則到了第二天，會忘掉大部分內容，整理的效果會大打折扣。

●增刪改查

老師講得太快時，筆記很容易記得不完整，整理時就需要將被遺漏、跳躍或省略的內容補充回來，把簡寫的、用符號替代的部分恢復成完整內容。

筆記要保持簡潔，課本上有寫但不重要的資料要捨棄掉，減少記憶量，也要修改錯別字和不準確的記錄。最後要進行整體檢查，確保筆記完整、簡明和正確。

● 分層編號

分層編號是指，按照提綱來分層排列筆記內容，然後加上統一的編號。透過整理，不僅可以重新思考一遍知識結構，加強各個學習重點之間的連結，還可以加強理解，提高記憶效率。

● 分類抄寫

分類抄寫是指分類整理後的筆記內容，並用不同顏色和符號標記不同類型的內容，然後將相同類型的內容抄寫到其他地方，例如卡片上。

另外，整理筆記還有三個常見的錯誤，第一個是有的同學覺得筆記上的字太亂，會重新抄寫一遍。這是一種效率很低的學習方式。整理筆記的作用，在於回顧老師講解的內容，加深理解，只要不影響閱讀，無須刻意講求字跡的工整。

還有的同學會把筆記頁面填得滿滿的，認為這樣複習時就不用看書，只要看筆記就好。但其實筆記是在補充課本內容，再詳細的筆記也不應該代替課本，複習時課本和筆記對照使用，效率才更高。

第三個是每篇筆記只記錄新的內容。課本為了避免重複，每一章節都是新的學習重點，有的同學便認為，筆記應該和課本保持一致，於是刻意讓每篇筆記都只有新的內容。然而知識之間是互相關聯的，透過掌握這種關聯性，我們不僅可以複習舊內容，還可以加深對新內容的理解，這樣做反而會切割掉知識之間的連結，所以在整理筆記時，可以適當加入關聯性高的舊內容。

錯題本不用太詳細，只寫易錯的重點就好

題目做錯，代表沒有充分掌握其中的關鍵，因此應該是複習的重點。要有效複習曾經做錯的題目，可以設置一本「錯題本」。

很多同學都有錯題本，但最終都沒有好好運用。要有效使用錯題本，以下三個誤區要避免。

- 把錯題本整理得很漂亮

這一點和使用心智圖的原理一樣，錯題本是拿來用的，不是拿來看的，所以無

須整理得很漂亮，尤其是有「潔癖」的同學，一定要注意這個問題。

我在念書時，班上有個女生會幫錯題本包書套，裡面的字很工整，答案、解析、重點都寫得很好，可是她的成績一直處於中等水準，後來發現，竟然是錯題本的「保養」成了她的負擔。

因為她想讓自己的物品都整整齊齊的，所以也很重視錯題本，遇到不會寫的大題，她就把題目認真抄寫下來，然後把答案一步一步寫清楚，從而經常為了一道大題花費很長的時間。

正確做法是，用最短的時間把錯題本整理好，可以直接把考卷上的題目剪下來，貼在錯題本上；答案不用全部寫下來，只要寫出關鍵、易錯的重點就好，複習時強迫自己在大腦中演算，提高答題速度。

●將錯題本束之高閣

很多同學說錯題本沒有用，是因為他們變成了抄錯題機器，根本沒有充分利用錯題本。如果整理錯題本的重要性占二十分，那麼後期翻看則占八十分。

我的錯題本很厚，沒事時就會把它翻出來看一看。考試前，我會把所有錯題翻看一遍，最開始需要用半天的時間才能看完，之後速度越來越快，有些題目甚至一看開頭，解題步驟就自動出現在腦海裡了。

這時再看這本厚重的錯題本已經是在浪費時間，因為裡面大部分的題目都會了。於是，我把整個錯題本壓縮至不到十頁，裡面只剩下需要特殊算法或有陷阱的題目，這樣只要花十幾分鐘時間看一下就可以了。

到這個地步，錯題本的使命才算完成，這也說明我已經完全消化、弄懂了所有的題目。

> 那些說錯題本沒有用的同學，應先問問自己，裡面的題目都會了嗎？確認百分之百能得分嗎？如果答案是否定的，那就繼續翻看錯題本吧。

●企圖使用軟體

很多同學覺得整理錯題本浪費時間，於是想藉由軟體來提高效率。如果在手機的App商店中搜索「錯題本」，會出現很多選擇，大致會看到這些功能介紹：

1. 快速整理。透過拍照、掃描考試或習作照片後，截取題目輸出至Word中，便於使用者重新練習或形成資料庫。

2. 分類。透過設置目錄，按照學習重點、時間分類儲存錯題，使用者可根據需求選擇顯示相關題目。

3. 快速檢索。可根據不同條件快速查找錯題，便於集中複習。

4. 按照題型、出錯原因統計分析錯題數量、所占分數、比例，便於使用者查找自身漏洞，使複習更具目標性。

這些軟體看起來是不是很好用？我們想要的功能基本上都有，最重要的是可以搜索，讓我們很快找到不會的題目，所以應該使用軟體來整理錯題？

錯了！如果不是自制力強的人，用軟體整理錯題的效率往往不高。因為在紙本上整理錯題的過程，有利加深記憶，而拍照、錄入電腦的過程沒有這個作用，而且有時浪費的時間更多。此外，如果為了整理錯題而使用手機，難免會不自覺的又開始玩起手機。

講義只是練習，課本才是核心，別本末倒置

在念高中時，學校會給每個科目增加三、四本講義，而老師常常只講其中一本，其他的讓大家自己練習。

後來我發現，班上幾個長期處於前五名的同學，通常只做老師必講的那一本，能夠拿出更多時間做兩本以上的同學，成績反而只在中等。到底該如何運用補充教材呢？

●先看課本，再看補充教材

我每次看補充教材之前，都會先翻看一遍課本。畢竟課本是核心，只有先把握住核心，使用額外教材的目標才更明確。

而能做好幾本教材的同學，反而都是很焦慮、唯恐練習不夠，通常不看課本、直接看講義，有時這些教材為了拓展同學的視野，內容會偏離教學大綱，增加一些偏題、怪題，就可能會誤導大家。所以應該先看課本，再看其他教材。

● 掌握思路，同類練習

基本上，補充教材都是應對課本內容，資料會很類似，也會有與課本相似的題目。在複習課本和筆記時，我會先分析老師在課堂上強調的典型題目，整理出解題思路，再從這些講義中找出類似的題目來練習，檢驗自己的掌握程度。

看很多講義的同學很容易陷入掙扎，但其實做題的關鍵不在於多，而在於有效。搞懂一個題目，釐清這個題目背後的解題邏輯，再透過適當的練習檢驗自己的掌握程度，往往效率更高。

● 做好筆記，精深加工

就像課本一樣，我的補充教材上也有密密麻麻的筆記，標記了很多重點和做錯的地方。

我認為，能被老師著重講解的教材，絕對是其價值，值得重視和挖掘。所以我的方法是：「發現一個問題，解決一個問題」，避免犯同樣的錯誤。

而很多同學只把這些資料當成練習冊，做對了很開心，做錯了也無所謂。這樣做的結果往往是，做了大量的練習，卻重複犯錯、事倍功半。

●彙整總結，加深理解

每次做完補充教材後，我都會把課本、筆記和這些講義的內容放在一起分析，因為它們各自的內容來源不同，形式也不同。彙整和對比可以找出其中的異同點，從不同方向加深理解，建立更為完整的知識系統。

而每次都做好幾本的同學，幾乎把時間都花在做題上，沒有時間做事後分析，從而錯失了精進的機會。

所以，教材講義不需要多，但要精。在複習完課本的前提下，有目標的練習、仔細做筆記並彙整分析，才能深入理解和掌握各個學習重點，充分發揮補充教材的功能。

3 在家如何高效學：飢餓、行走、低溫

雖然學校是學習的主戰場，但是在家念書也不能忽視。因為在家裡，我們需要完成做功課、預習、複習等學習任務。

由於家裡往往缺少念書氛圍和老師監督，很多同學的念書效率並不高，這時就需要掌握在家應有的學習狀態，達成在家也能高效學習。

高效學習的三種狀態

要讓自己在家念書變得高效，可以借助一些生理本能。人類在進化的過程中，為了應對各種危機，形成了各種的生理本能，並且潛移默化的影響著行為。我們可以利用這些生理本能，營造出高效學習的各種狀態，比較常見的有以下三種。

●饑餓狀態

很多同學回到家後，喜歡先休息一下，吃完飯後才開始念書，但這就會錯失學習的最佳時機。正確的方式是，在飯前先進行主要的學習任務，飯後可以休息一會兒再開始念書，這樣就能借助饑餓狀態提升學習效率。

饑餓對於人類是一種危險的狀態，會直接影響生存。當人饑餓時，胃會釋放出饑餓激素，這些激素進入血液，會刺激大腦，使大腦變得活躍。

這種機制會讓人想獲取食物，而進食後饑餓激素減少，大量血液進入腸胃，幫助盡快消化和吸收食物，這時大腦的供血減少，人就會覺得想睡。

●行走狀態

在遠古時期，人們會面對各種凶猛的野獸，在外行走時，需要仔細觀察周邊環境，時刻警惕可能存在的危險。

因此，我們在行走時大腦會處於活躍狀態，注意力特別集中，這時候的學習效率也會提升。

在家中，我們也可以營造出這種狀態。首先，找一個空間相對寬敞的房間，將地上的東西收起來；然後，邊走動邊完成不需要動筆的學習任務，例如背課文、背單字等。

● 低溫狀態

較低的溫度也會給人帶來危機感，因為一旦溫度降到一定程度，就會造成凍傷，甚至危及生命。所以在低溫狀態下，大腦會比較容易保持清醒。

而在溫度高一些的環境中，人會產生安全感，很容易昏昏欲睡，這時，大腦的血液循環速度會減慢，思考能力也就降低了。

所以，念書時可以將家中的室溫調低一些，保持涼爽的狀態。夏天可以多開一陣子冷氣，避免悶熱難耐；冬天則少開一會兒暖氣，避免處於太溫暖的狀態。

飢餓、行走和低溫這三種狀態會激發人的生理本能。善加利用這些生理本能，我們在家也可以高效學習。

井井有條能提高學習效率

加拿大心理學家喬登．彼得森（Jordan B. Peterson）在他所著的《生存的十二條法則》（*12 Rules for Life: An Antidote to Chaos*）中，主張的一個重要原則就是：一個人要把自己所處的空間整理得井然有序，才能把自己的狀態調整到最佳。

《弟子規》中說的：「房室清，牆壁淨，几案潔，筆硯正」也是這個道理。沒有乾淨整潔的學習環境和工具，又怎麼能安心、專注的學習呢？

張三在小學時成績不錯，經常考滿分。可是一到初中，成績開始下滑。老師找到張三的媽媽，說他不是記錯上課的科目，就是忘記老師交代的功課有哪些。

最近幾個月，張三在家裡念書時，媽媽發現了問題所在。原來張三很懶散，把所有東西都堆在一起，每次上課前都要翻半天，把寶貴的注意力都用在找書上了。

其實，雜亂無章不僅會影響注意力，還會影響邏輯思考能力，對於成長期的孩子，直接表現就是成績下滑和性格暴躁。為什麼？

有一種特殊的記憶類型叫工作記憶，它是一種用來完成推理、言語理解等任務的記憶資源，我們可以藉由不同方式感受工作記憶的作用。

像是老師教了英文單字bag的發音，為了使記憶深刻，大腦會不斷回憶這個發音，讓我們反覆「聽」這個聲音。或是父母問到教室裡的桌椅有幾排、幾列時，我們腦海中會浮現出教室的場景。又或是在教室裡同學問起，如果父母站在講臺上講課會是什麼樣子，這時我們會看一眼講臺，把場景和父母的形象融合在一起想像。

不論是大腦中想著的聲音、場景，還是場景和記憶中的形象融合，都是藉由工作記憶來完成，工作記憶的容量越大，就可以思考越多、越複雜的資訊。

但是相比每時每刻要處理的資訊來說，工作記憶往往是不夠的。這時就會出現分心或被打斷的情形。例如：正在回想英文單字的發音時被同學叫住，這個回想過程就會被打斷；正在回想某個數學公式，卻忽然想起數學功課還沒寫，就會分心開始考慮什麼時候寫數學功課。

張三因為被一堆瑣碎事務占用了工作記憶，導致工作記憶嚴重不足，以至於成績持續下滑。為了減少占用的情況，可以把作業、課本、文具等物品放在固定的位置，這樣不僅可以避免注意力分散，還可以避免忘記拿、找不到等情況發生。我小時候會用文具盒裝文具，用塑膠袋裝各科課本和作業，而現在的孩子多半用筆袋裝文具，用資料袋裝課本和作業，道理是一樣的。

另外再隨身帶一個記事本，隨時記錄每天發生的事情，例如老師交代的功課、活動安排等（按：等同於臺灣學生的聯絡簿），避免因為忘記而引起情緒波動，減少占用工作記憶。記錄日常可以讓記憶更為清晰，邏輯思考力更強。

功課表是課程學習最基礎的做事清單之一，因此還可以用日曆來安排和記錄每天要做的事情。同時，每天都要有具體的學習目標，才能讓課業更為井井有條。

雜亂無章不僅僅是不好的生活習慣，也是不好的學習習慣。要想書念得好，就需要合理的安排生活，讓生活井井有條，這樣才能提高學習效率。

促進行動的五分鐘策略

我們經常到家之後，不想看書、寫功課，只要是有一點點難度的事情，就一概不想做。但同時心裡又很明白，必須看書，也必須寫功課。這時該怎麼辦？

我在念書時也經常遇到這種狀態，當時我只要硬著頭皮執行幾分鐘，問題就解決了。這就像跑步，一開始怎麼都不想跑，一旦咬著牙慢慢跑起來後，一不小心就能跑完兩公里。後來我明白了，回家之後不願行動就是缺少幹勁。幹勁是多巴胺刺激大腦的一種表現，而多巴胺是由大腦中的依核產生的。

依核位於大腦的中央區域，要想讓依核產生多巴胺，就需要讓它持續受到刺激，而刺激的方式就是行動起來，讓訊息持續不斷的進入大腦。等到依核被啟動了，就會慢慢分泌多巴胺，這時多巴胺會讓眼前正在做的事情充滿幹勁。

然而，這很容易導致一個困局：我們可能會不想做事，等著多巴胺帶來幹勁，但依核又等我們行動起來刺激它，才分泌多巴胺。

為了能夠在開始時順利堅持五分鐘，我有三個小技巧。第一個是先完成用腦少的任務。例如：先完成抄課本這種簡單的作業，再寫其他功課；先做選擇題、填空題這些簡單的題目，再做比較困難的問答題。

第二個是先選擇超過五分鐘以上的任務。太小的任務所需時間太短，依核還來不及被啟動就要換任務了，會造成刺激中斷，從而不會產生多巴胺。

第三個則是先選擇較拿手的科目，降低起步難度。如果直接從不擅長的科目開始，難度太大，很可能五分鐘不到就放棄了。

所以，並不是我們主觀上不想做，只是大腦在「扯後腿」，只要先行動起來，堅持五分鐘，自然就有幹勁了。

如果不先行動起來，就會一直待在這個困局中，而根據我自己的經驗，只要行動五分鐘，就會產生幹勁，我把這種方法稱為「五分鐘策略」。

當心身邊的紅色陷阱

以前我很討厭紅色，因為每次看著考卷上大大的紅色打勾或打叉，心裡都頗有壓力。尤其是看到打叉時，總會心驚一下。即使是滿分的考卷，我也不太願意翻看。對於考卷上的錯題，我都寧可抄到錯題本上，也不太願意看考卷複習。

曾經，有人送我一本紅色封面的筆記本。每次放學整理書包時，我都會把它放在其他書的下面，複習時也總會把它排在最後。

不僅是書本，我連紅色的衣服也不喜歡，初中新開的幾何課，代課老師剛結婚，每天穿得一身紅，看著非常刺眼。當時我感覺這個老師應該非常凶，進而覺得幾何很難，所以念得不好。

過了兩個月後，天氣轉冷，她換了別的顏色的衣服，我才對這個老師有不一樣的感覺，覺得她似乎沒那麼凶，幾何好像也變簡單了。上大學後，和同學聊起這個話題，發現大部分人都有類似的感受。最近幾年查閱腦科學相關的資料，才發現這並不是我的喜好問題，而是大腦的自動反應。

在人的認知中，紅色是血液的顏色，往往意味著危險，所以各種重要標誌都使用紅色。例如：紅綠燈中的紅色表示禁止通行，交通標誌用紅色圓圈來提醒，再加一個斜線表示禁止某種行為。當看到這些紅色時，會刺激神經系統，血液流動更快，這樣可以提升反應速度和強度。

但在學習方面呢？有機構做過一個實驗：同樣的測試內容，只是把試題封面更換為紅色，被測試者的得分就會降低；輕者降低一〇％，嚴重的會降低三〇％；如果不更換封面，只是在測試題目中出現紅色標記，也會引發這類現象。為什麼會這樣？是因為紅色會引發人的焦慮，產生心理壓力，這種狀態會影響人的判斷，降低被測試者的挑戰勇氣。

所以，我以前並不是不喜歡紅色，而是踩到了紅色陷阱。考卷上的紅色打勾和打叉、筆記本的紅色封面，在短時間內對我造成了影響，而我藉由各種方式緩解這種影響。但我無法避開幾何老師的紅衣服所產生的影響，因此導致錯誤的認為幾何很難學。

所以，在布置家中學習環境時，要盡量減少大面積的紅色；選擇圖書時，避免書中出現以大量紅色修飾的內容；做筆記時，可以多使用黑、藍、綠色的筆，盡量不使用紅筆。只需採用一些簡單的策略，就可以避免紅色對學習產生不利的影響。

4 沒時間念書？手機關掉就有了

時間對每個人是公平的。**為什麼學霸和普通人擁有相同的時間，學習結果卻不同？**原因主要在於對時間的利用效率不同，學霸更懂得珍惜和高效利用時間。

「太忙、沒時間」都是不行動的藉口

很多同學說：「我平時很忙，每個科目都要念，哪有那麼多時間？」或者「我每天回家要坐一個小時的車，到家都那麼晚了，哪有時間念書？」

但是所謂的「沒時間」，其實是不懂得如何高效利用時間。

吉田穗波在二〇〇四年時從名古屋大學研究所畢業後，在東京銀座的婦幼綜合診所任婦產科醫師，工作十分忙碌。她的大女兒在一歲時因肺炎引發氣喘，這讓她在疲於應付的同時，也萌生了「若想改變現狀，只能積極提升自己」的想法。

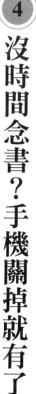

後來她決定到哈佛大學進修，那時她的大女兒兩歲、二女兒只有兩個月大，而她的上班時間是朝九晚五，每天上下班要花三個小時通勤，通常下班、接小孩回到家時已經七點整。

二〇〇八年，她懷揣著繼續深造的夢想，用半年的時間完成了申請入學、準備考試等工作，並被成功錄取，期間還懷上了第三胎。同年，她帶著三個年幼的女兒，與丈夫一起前往波士頓，用兩年時間便取得了學位，還生下第四個孩子。

在總結這段經歷時，她的第五個孩子也誕生了。任何一項對一般人來說都很艱難的任務，吉田穗波卻同時漂亮的進行了。

吉田穗波能實現夢想，除了家人的支持，還依賴於她有效的時間管理方法。她在自己的著作《就因為「沒時間」，才什麼都能辦到》（「時間がない」から、なんでもできる!）中，分享了自己的時間管理經驗。下面給大家分享其中一些要點。

1. 越沒時間越想做事，把自己的焦躁轉化為進步的決心。
2. 別只想著「or」，要學著想「and」，人生太短，不夠一件件事按順序做。
3. 放棄完美主義，多件事齊頭並進，要有亂成一團的心理準備。
4. 先用整段時間優先處理大問題，再用零碎時間處理小問題。

5. 早睡早起，留出不被打擾的個人時間。
6. 學會借助他人的力量，用錢來買時間。
7. 別被常識偷走時間，自己的生活規矩自己定。
8. 利用零碎時間，讓生活更高效。
9. 別讓焦慮澆滅鬥志，控制情緒就是節約時間。

《死時誰為你哭泣：一〇一則以終為始的人生智慧》（*Who Will Cry When You Die?*）的作者羅賓・夏瑪（Robin Sharma）說：「不是因為某件事很難，你才不想做，而是因為你不想做，這件事才變得很難。」這句話正是吉田穗波的座右銘。

任何說自己沒時間念書的同學，在吉田穗波的經歷面前都不值得一提。別再拿沒時間當作自己不行動的藉口，我們要學會好好利用時間。

關掉通知、忽略訊息，先關注重要的事

很多同學認為，學霸應該是把全部時間都用在念書上，根本沒有生活吧？我的經驗告訴我並不是這樣，我在清華的同學們也都有豐富多采的生活。

成績好，需要時間的累積，但這並不代表要把所有時間都投入進去。只要管理好自己的時間，學霸每天仍然可以有不少的休閒娛樂時間，可以做很多有趣的事。

有效管理時間的祕訣是，有條理的強制自己關注重要的事情，而不是被緊急或更簡單的事情分散注意力。

●優先順序計畫

如果今天要去見朋友，我們通常會安排一個確定的時間跟朋友見面。但如果是我們自己要做什麼事情，例如今天要念書，就很不習慣去安排自己的日程和計畫，而是彷彿下意識的想要避開這些事情。

對此，可以把學習看成優先順序最高的事，把學習任務想像成預定的一個航班，然後，對所有阻礙我們「趕上航班」的事情說「不」。

●先做最重要的事

想像一下，對於我們來說，當下最重要的讀書任務是什麼？目前正在做這件事嗎？如果不是，那為什麼不去做？是不是因為「想先做手頭上的事，等這些事做完以後，再做對我來說最重要的事」？

可是，當「手頭上的事」做完之後，還剩多少時間可以做「最重要」的事情？大腦是很活躍的，會想在同一時間做上百件事，但這幾乎不可能。所以不如用更多的時間，做更少、但更重要的事情。

●學會拒絕

我們都會被「常識」和「慣性」偷走時間，例如：有人請求幫忙時，如果這個忙並不難，通常都會答應，這樣會顯得我們善解人意、樂於助人；當別人邀請出遊時，也會慣性的接受，這樣是給別人面子。但是我們卻忘了，自己其實還有更重要的事情，此時為什麼不對他們說「不」呢？

●關掉通知

現代科技已經發展到，可以利用我們對緊急事情的偏好，來增強用戶黏著度的地步，例如微信、微博等的通知，都在爭先恐後的搶走我們的注意力。

幸運的是，有一個簡單的方法可以解決這個問題：關掉所有通知。等有時間的時候再去集中處理那些事情，這樣可以提高利用時間的效率。

●忽略訊息

常識認為，忽略別人很沒禮貌，但在時間管理上這相當必要。我們必須允許自己忘記一些人和事，可以不回覆某人的問題、忽略彈出的新聞、不理會「@所有人」之後的彈出視窗。

這個世界不會因為我們忽略掉一些事情而崩潰，但這樣做，可以完成對我們來說真正重要的事情——我們的學習計畫。

第 7 章

利用費曼學習法
加強讀寫基礎

閱讀和寫作不僅是考試重點，也是工作和生活中必備的基本能力，
能幫助我們獲得一生中 80% 的知識。

❶ 幫助學習的三種必讀書

要學會高效閱讀，就要學會選擇書籍，掌握快速和精細閱讀的方法，再運用卡片式閱讀法強化閱讀效果。根據費曼學習法中，「輸出倒推輸入」的精髓，寫讀書筆記是保證讀書效果最大化的有效方式。

大家都知道閱讀的好處，但面對海量的圖書，如何選擇是一個問題。尤其在課業繁重的情況下，能用於閱讀的時間非常有限。一旦書籍選擇不當，很容易對學習造成負面影響。

所以，在有限的閱讀時間內，選擇合適的書就非常重要，能讓我們在學生時代受益頗多的有以下三種書。

● 參考書

參考書是和課本配套的教學用書，內容遠比課本豐富，會針對課本的每個部分提供教學建議，包括教學目標、教材分析、背景知識。

閱讀參考書相當於把老師請回家，可以從中了解每個課程必須掌握哪些內容、重點是什麼。

我在念中學時，學校條件所限，參考書一直是神祕的存在，整個教研室（按：等同於臺灣學校的教務處）也只有一、兩本。當時，班上有一位同學的姑姑是國文老師，每次寒暑假，我都請他去借下個學期的參考書，我們兩個人會透過參考書找出下學期的重點，提前預習，這讓我們兩人的國文成績一直是全班前五名。

現在網購很發達，可以直接在網路上購買參考書，方便大家根據學習進度閱讀。例如：在預習階段，可以透過參考書查閱教學的要點；在複習階段，可以藉此站在老師的角度，驗證自己是否掌握了對應的知識。

●學科科普書

學科科普書中會介紹每門學科的背景知識和相關故事，這些資訊不僅可以消除正式學習時的陌生感，降低學習難度，還可以幫助加深記憶，而相關故事可以為枯燥的課程內容增加趣味性，讓我們喜歡上對應的課程。這類圖書需要提前閱讀，以幫助提前建立對各類學科的正面印象。

我小學時，親戚送了一套講中國歷史的《上下五千年》，這套書按照時間順序講述了很多歷史故事，讀起來非常有趣。等到初中上歷史課時，同學都還在分辨春秋和戰國的先後順序，我已經能夠輕鬆說出春秋五霸和戰國七雄，並講各種有關的故事給他們聽，像是晉文公的退避三舍。

●文學名著

文學名著經過了時間的檢驗，是閱讀的首選，可以增長見識和學問，拓展思路，改變思考習慣。同時，書中優美的文字不僅可以陶冶情操，還可以作為寫作文時模仿的對象。這類書籍需要長期閱讀、慢慢累積，是提升閱讀力和寫作力的重要方式。

每個時代的文學名著有所不同，我念中學時閱讀的名著主要有《三國演義》、義大利兒童文學《木偶奇遇記》（*The Adventures of Pinocchio*）、魯迅的短篇回憶錄《朝花夕拾》等，而現在我兒子閱讀的名著主要有中國作家蕭紅的《呼蘭河傳》、法國兒童文學《小王子》（*Le Petit Prince*）等。

以上三種書籍都是必選的閱讀方向，其中，參考書應配合學習進度同步閱讀；學科科普書需要提前閱讀，才能發揮其最大作用；文學名著則需長期閱讀，才能逐漸從中受益。

快速閱讀的技巧

雖然閱讀是獲得知識的有效途徑，但需要花費大量時間，再加上課業壓力大，導致大部分同學往往沒有足夠的時間看書。

這時候就需要學會快速閱讀。快速閱讀不僅要求速度要快，還要求保持一定的閱讀品質，所以需要掌握一些技巧，如下圖。

●設置目標

除了小說、漫畫等休閒書籍之外，大部分的書剛開始讀難免有些枯燥，為了讓自己能夠讀下去，就需要設置清晰的目標。

首先要確定閱讀的目的，即是要藉由這本書了解什麼，目標越清晰，內在動機會越強烈，閱讀效率也就越高。其次是設定閱讀範圍，例如讀哪幾個章節，總共看多少頁。最後根據頁數，確立一個預期的閱讀時間，可以設置比平常看書更短的時間，可以督促自己用更快的速度閱讀，一旦達成目標，就能帶來成就感。

快速閱讀的技巧

閱讀前	
設置目標	準備工作
閱讀目的 閱讀範圍 閱讀時間	環境安靜 不聽音樂

閱讀中	
閱讀節奏	閱讀技巧
閱讀 20 ～ 30 分鐘 閱讀 2 ～ 5 分鐘 不看手機 不打電動	以句為單位 驗證主題句 總結關鍵句 合理分配時間

閱讀後
快速回顧
把書闔上 閉上眼睛 大腦回憶

● 準備工作

確定目標後，就可以開始準備工作，這時候需要找一個安靜的環境。

在閱讀過程中，安靜至關重要，因為看書時需要在大腦的工作記憶區中進行語義的理解，外界的干擾會占用本來就很有限的工作記憶區，導致閱讀速度下降。

> 看書時也不要聽音樂，因為大腦會自動分辨歌詞，消耗精力，哪怕沒有主動去聽，音樂也會干擾閱讀節奏。因為閱讀速度會不斷變化，而跟著音樂節奏看書，會讓閱讀速度和品質下降。

● 閱讀節奏

如果閱讀時間超過三十分鐘，就需要控制閱讀節奏。長時間連續看書，大腦容易疲勞，從而影響閱讀品質。

沒有品質的快速閱讀沒有價值，這時可以使用番茄時鐘計時法，即是把每次連續閱讀的時間控制在二十分鐘至三十分鐘，然後休息兩分鐘至五分鐘。在休息期間，可以起身簡單活動一下，喝一些水，放空一下大腦，但是不要看手機、打電動，這些活動會消耗腦力。

● 閱讀技巧

開始閱讀後，可以採取各種閱讀技巧來提升閱讀速度，同時保證閱讀品質。這裡分享我個人使用的四個技巧。

1. 以句為單位。中文的每個字或詞都有多個涵義，要想確定具體的涵義，必須將字或詞放在一句話裡。所以，不要逐字逐詞的讀，而要讀完一句話後再考慮其對應的意思。如果讀完一句話後仍然無法理解，就繼續往下看，很多時候，語義的理解需要結合前後語句，甚至是前後段落。

2. 驗證主題句。一般情況下，每段的前兩句會說明這段話的主題。在閱讀時，首先要看懂這兩句的意思，然後驗證後續的內容是否圍繞這個主題展開。這樣不僅可以提高閱讀速度，還可以讓大腦更主動挖掘文字背後的涵義。

3. 總結關鍵句。當看完一個段落後，需要總結這段話的意思，形成一個關鍵句。基於關鍵句，就可以知道每個段落之間的關係，便於梳理整篇內容的脈絡，否則就會出現「看了後面、忘了前面」的尷尬局面。

4. 合理分配時間。對於閱讀的內容，每個段落的重要性有所不同，因此需要根據重要性合理分配閱讀時間。例如：重要內容占六〇％至七〇％的時間，次要內容占三〇％至四〇％的時間。通常一篇文章的開頭屬於次要內容，中、後段才是重要內容，引用圖表往往也是重要內容。

● 快速回顧

看完書後，為了提升閱讀品質，還需要將看過的內容快速回顧一遍。做法是把書闔上、閉上眼睛，用三分鐘在大腦中回憶一遍看過的內容，然後打開書快速翻看一遍，查找沒有回憶起來的部分。

快速閱讀是一種能力，在了解方法之後還需要反覆練習，才能將方法變成能力，從而實現有品質的快速閱讀。

書中精髓，要靠精細閱讀

很多同學說：我幾天就可以看一本書，一個月可以看十幾本書。但這麼說的同學，往往沒有因為看得快而獲得什麼好處，為什麼會這樣？

這是因為快速閱讀只是有助於在短時間內了解表面資訊，而書中的精髓、核心事件和關鍵論點，需要精細閱讀、逐步掌握，而精細閱讀同樣有技巧，如左頁圖。

● 閱讀準備

在精細閱讀前，需要先制定閱讀計畫。首先確定閱讀目標，明確要了解的內容和閱讀範圍；其次估算閱讀時間；最後列出精細閱讀所要解決的問題。

在瀏覽目錄和快速翻閱時，可以順手把感興趣的問題列出來，不管是方向性的大問題或細節性的小問題都可以，在閱讀過程中即可帶著這些問題思考。

● 批註和筆記

閱讀時如果只是單純的「看」，很容易陷入「過眼不過腦」（按：類似臺灣俗語說的「有看沒有懂」）的境地。為了避免這種情況，就需要做批註和筆記。批註是標記書中內容，筆記則是用於記錄當時自己心中的想法，將靈感保存下來。

但在做批註和筆記時需要注意，如果是自己的書，可以直接把筆記寫在書上，這樣只要寫幾個片語，就可以表達出對應的意思。如果寫在另外一本的本子上，還需要記錄這個筆記是針對哪本書、哪一頁、哪個觀點，一大堆的文字書寫，會打斷閱讀思路。

另外是不要對大篇幅內容做標注。標注的內容一定要簡短，可以是一句話，甚至是一個詞，這樣日後溫習時，才不會很難從大篇標注中找到核心。如果發現大段落的精采內容，可以單獨將其抄錄在本子上，而不是做標注。

精細閱讀的技巧

<table>
<tr><th>閱讀前</th><th></th><th>閱讀中</th><th></th><th colspan="2">閱讀後</th></tr>
<tr><td>閱讀準備</td><td rowspan="2">➡</td><td>批註和筆記</td><td rowspan="2">➡</td><td>做小卡片</td><td>摘錄、寫讀後感和書評</td></tr>
<tr><td>確定閱讀目標
估算閱讀時間
列出要解決的問題</td><td>筆記寫在書上
不做大篇幅註記
筆記簡明扼要</td><td>正面：關鍵詞、閱讀日期和書名
背面：核心關鍵句、自己的感受</td><td>摘錄大篇幅精采內容
輸出讀後感想和書評
記錄自己的看法觀點</td></tr>
</table>

最後是筆記要簡明扼要，不要過度敘述，否則如果每頁都被寫得密密麻麻，會讓自己失去再次閱讀的興趣。

● 做小卡片

為了更好理解和掌握內容，在看完書後，可以做小卡片，方便攜帶，有利於隨時隨地溫習。

我自己的小卡片分為兩個部分，正面記錄關鍵字，並在右上角標記閱讀的日期和書名，背面則記錄發現的核心關鍵句，和自己的感受。這樣可以根據閱讀時間制定溫習計畫，例如在一天後、三天後、一週後、半個月後溫習。

溫習時先看正面，根據關鍵字回憶書中內容和自己的觀點，然後再看背面，檢驗是否有遺漏的部分。

● 摘錄、寫讀後感和書評

閱讀完成後如果還有大量時間，可以做更多的閱讀配套活動，我推薦可以把不適合在書中標記的大篇幅精采內容，摘抄到專門的摘錄本上。摘錄時要記錄內容來源，包括書名和頁數，同時保持內容的完整性，不要修改詞語和標點符號。由於摘抄需要花費大量的時間，所以不要在書只看到一半時就進行，而且，閱讀後仍然記住的好段落，才更有摘錄的價值。

第二個推薦是寫讀後感和書評。加深理解的最好方式是輸出，看完書後可以針對部分內容反覆思考和聯想，然後記錄自己的想法，從而形成讀後感，如果是對於整本書的想法，還可以形成自己的書評。

精細閱讀相比快速閱讀需要花費更多時間，需要做更多後續工作，但這些工作都能引導我們主動思考，掌握書中的精髓和核心內容。

卡片式閱讀法，「把書看進腦子裡」

很多同學看完書後有一個困擾，即是書看完了，但腦子裡一片空白。

簡單的書，大家覺得很容易明白，能學到很多知識，但是過一天就全部忘記；難的書，大家又讀得糊裡糊塗，覺得什麼都沒看懂。這就是典型的「過眼不過腦」式讀書。

想掌握書中知識，首先要記住書的內容，然後讓它在大腦中慢慢發酵，逐步被理解和吸收。但是，書中每一頁都有幾百個字，根本記不住這麼多，這時就需要主動思考、提煉出關鍵內容，集中理解，可以使用卡片式閱讀法。

卡片式閱讀法是將每次閱讀的內容提取出來，記錄在卡片上，然後不斷複習和鞏固。使用這種方法前，要先準備好卡片，可以自己製作，也可以購買現成的，然後按照下面步驟來製作讀書卡片。

● 卡片背面

卡片背面用於記錄書中的要點內容。首先整理書中的筆記，例如有畫線的重點；然後挑選出重要內容，如各種觀點、主題句；再把挑出來的內容精簡化，保留關鍵部分，去除不重要的修飾，如各種條件等；最後將其工整的寫在卡片背面。

製作卡片背面時，不用考慮知識重點之間的關係，可以直接按照書中的順序來整理，這樣才能把心力用在提煉內容和總結上。

●卡片正面

卡片正面用於記錄內容的關鍵字。在製作背面時，我們就已經對閱讀內容有整體的認識，這時再提煉關鍵字就很容易了。

提煉關鍵字時，就要考慮到知識重點之間的先後順序、關係等，才會形成這部分內容的小型知識系統。為了便於後期使用，還可以在右上角寫上書名和閱讀的日期時間。

●鞏固方法

製作卡片的過程可以加深對知識的記憶，但時間一長還是會淡忘，所以需要定期鞏固。可以在看完書的當天晚上、第二天、第四天、第七天、第十四天複習一遍卡片內容。

複習時先看一遍卡片正面，根據正面的關鍵字，回憶對應的要點，盡可能想起來每個關聯的內容。然後翻到背面，檢查剛才回憶的內容有無遺漏。如果發現有不理解的地方，再找出書中對應的章節，重新看一遍。

每次鞏固的過程，只需要幾分鐘就可以完成，可以充分利用各種零碎時間進行，例如等公車或是上廁所的時間。

卡片式閱讀法是精細閱讀的方法之一，核心就是主動思考、多次篩選，提取關鍵字、反覆複習、加深理解。

閱讀也要做筆記

考上清華後，我發現可支配的時間變多了，於是決定要看大量的書，但是開始執行後，我又突然發現自己存在很多問題。例如閱讀時總是會分心，一旦闔上書，大腦就空空如也，好不容易有一點印象，也是一些細枝末節，感覺像是「撿了芝麻、丟了西瓜」（按：指因小失大）。甚至再過幾天之後，我連書看到哪都忘了。

幸好，當時的室友都是學霸，在他們的建議下，我開始在書上做筆記，經過一段時間後，我的閱讀效率果然逐漸提高。每次閱讀後，我都可以和同學就書中內容侃侃而談，大家都說我看書簡直是「過目不忘」，之後我就把這個方法稱為「快速讀書筆記法」，具體做法如下。

● 畫出重要內容

閱讀時為了避免分心，就要手腦並用，首先準備一支筆，一邊讀，一邊找出書中重點，通常有三種。第一種是關鍵字，每一部分內容都有一些關鍵字，閱讀時找出它們並圈起來，例如：故事的人物名稱、發生地點和時間，或是議論文中討論的觀點。這些關鍵字可以幫助我們抓住重點。

第二種是關鍵句。一篇文章包含很多段落，通常每個段落中都有概括性的句子，可以找出這些句子並在下方畫線。通常，每段內容的第一句和第二句是關鍵句，透過這些句子，可以梳理出整篇內容的脈絡，理解作者的寫作邏輯。

第三種則是關鍵段落。每篇文章都有對應的中心思想，為了方便讀者理解，大部分作者都會藉由關鍵段落總結出中心思想。閱讀文章後，找出關鍵段落，並在它們的外側畫分隔號。

● 標出內容層次關係

當文章內容很多時，就必須能夠分辨其中的層次關係。通常作者會運用明確的編號來表示，但是受限於格式，比較小的層次無法清晰表達，這就需要我們自己找出來。

例如，一個說明折紙飛機五步驟的段落，為了方便理解，可以為每個步驟添加「⑴、⑵、⑶」之類的標記。如果語句提及前面或後面章節的內容，可以找到對應的位置，將對應的頁碼標記在該段內容旁。

● 寫下自己的感想

當我們理解書中內容後，就會產生自己的感想，這時候要盡快記下來。可以直接寫在書中的空白處，不需要找專門的筆記本，而這些感想可以是一個詞語，也可以是一句話，甚至一段話。

●標記閱讀位置

每次閱讀後，要用明顯的符號標記讀到哪裡。這種方式比書籤更有效，因為書籤只能標記大致的範圍，並且只能記錄某一次的閱讀位置，而符號定位更精確，還可以記錄閱讀進度，翻看這些標記，會更容易獲得成就感。

這四個做法構成了我的「快速讀書筆記法」，讓我在閱讀時不僅過眼，還過腦、過手，而更容易真正讀懂書。

方法很簡單，但關鍵在於養成習慣。所以需要多加練習，將其變成下意識的行為，才能感受到這種方法的好處。

2 寫作文沒靈感？素材都在生活裡

寫作能力不僅是為考試而培養的能力，更是能受用終生的能力。很多人寫不出東西，感覺大腦一片空白，通常是因為不重視輸入，沒有認真思考。要寫出好文章，除了需要寫作靈感之外，更重要的是日常累積和轉化寫作素材。

寫作需要規律執行，靈感才會越來越多

很多人想寫作，但不知道寫什麼，有時想半天也寫不出來。人們往往會將這種狀況歸咎於沒有寫作靈感。當有了持續寫作的行動之後，但沒有寫作靈感，該怎麼解決？

著名作家劉墉曾問他兒子劉軒說：「為什麼很久沒見你寫作了？」劉軒說：「因為我沒有寫作靈感。」

劉墉回道：「什麼叫做你沒有寫作靈感？這只是很多人不創作的一種推託之詞而已。」

劉墉的意思是，寫作應當像吃飯、睡覺一樣，有規律的持續執行。人每天到某個時間點就應當吃飯，而不是等到有饑餓感時才吃；到某個時間點就應當睡覺，而不是等到有睏意時才睡。

> 很多時候，人原本不餓，但到了吃飯時間，做了些菜，發現味道很好，於是有了食慾；很多時候原本不睏，但到了睡覺的時間，坐在床邊看了一會兒書，於是有了睏意。

寫作也是這個道理，應當是一種有規律的持續行動。寫作與靈感之間，並非大家想像的因果關係——因為有了靈感，所以才開始寫作。而是堅持寫作下去，靈感就會越來越多。

關於找到寫作靈感，費曼學習法中輸出倒逼輸入的原理同樣適用。這裡指的輸出是寫作內容，輸入是指靈感、素材等。因為必須要輸出內容，所以就會逼迫自己去尋找靈感。

所謂的寫作靈感，可以來自場景、表達、記錄這三個部分，如下圖。

獲得靈感的方法則可以分成以下三步驟。

1. 想像某個場景，這個場景最好是動態、有劇情、有畫面感的，就像電影一樣。
2. 在想像的場景中，有人在溝通和表達，他們會說些什麼？
3. 觀察場景，把對於場景的描述或場景中人們說的話，用文字記錄下來。

寫作靈感來源

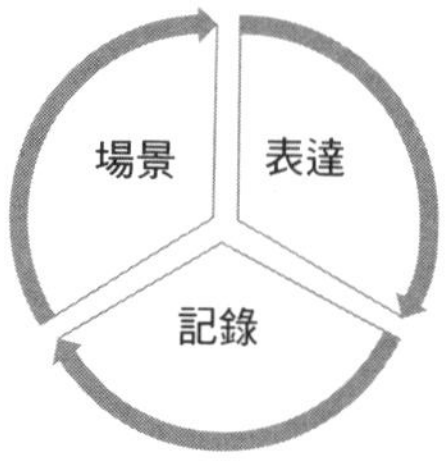

素材有兩種：第一手的親身體驗、二手的他人故事

很多人不知道從哪裡得到寫作素材，苦於無資料可用。其實，寫作素材非常廣泛，常見的有兩種，分別是一手素材和二手素材。

一手素材指的是來源於自身，或是外來的但不專屬任何人，誰都可使用的資料。

1. **透過人生經歷**。每個人都是獨特的個體，就像世界上沒有完全相同的兩片葉子，也不會有經歷完全相同的兩個人。不同的生活經歷，正是人與人之間存在差異的主要原因，也是人們願意互相了解的原因。

2. **透過生活感悟**。人與人之間差異的美妙之處在於，彼此接受相似的資訊，卻能產生不同的想法。一對同卵雙胞胎，年幼時的人生經歷可說是幾乎相同，但人生經歷的加工和感悟可能完全不同，所以除了人生經歷外，對於生活的感悟同樣可以成為素材。

3. **透過焦點事件**。如今這個時代，我們很容易就能發現各類焦點事件。每天的「熱搜（按：熱門搜尋）」、「要聞」鋪天蓋地，想不知道都難。這些熱門事件既可以作為寫作的案例，又可以作為產生感悟和思考的對象。

二手素材則是指原本屬於別人，但我們可以藉由刻意學習、深度思考、加工整理，將其變成自身資料的素材。

1. **網路內容**。如果個人經歷有限，一手素材就也有限，這時可以上網尋找靈感。網路上有很多具有明確教育意義的影片，既能傳播知識，也能引發大家聯想和思考。另外，知乎（按：中國社會化問答網站）、微信公眾號和百度百科等平臺，也都是很適合的資料查找來源。

2. **他人故事**。我喜歡與別人聊天，了解別人的人生，這會讓我覺得很有感觸，引發很多思考。我以前的很多素材，都是經由和朋友聊天得到的。如今我已經養成習慣，當朋友說完一段精采的故事後，我會徵求對方的意見，是否同意我將其寫成自媒體文章發表出來。

3. **讀書學習**。如果時間允許，多讀書一定是好的。如今出版業如此發達，任何一個領域都有經典、暢銷書籍，運用關鍵字搜索，把銷量排行前十名的書買回家，保證不會錯。

選擇自己讀得下去的書，一個章節、一個章節的解讀，並加入自己的理解，這不僅是讀書的好方法，也是獲得寫作素材的好辦法。

記錄生活點滴，累積寫作素材

從小學三、四年級起，就開始有寫作課程，很多人經常乾坐半小時，一個字都寫不出來，其中原因除了不懂得如何發掘素材，還有不知道如何累積資料。

如果只是發掘素材，還不夠，還必須學著把資料累積下來，有三種方法：

● 記錄生活

我們每天的生活看似相同，但實際都有不同之處，可以挖掘並記錄下來。

上小學時，每天放學回家，我都會被父母拉著做一些家務，一邊做，還要被父母不厭其煩的問功課如何。為了避免被嘮叨，我就主動岔開話題，說一些每天在學校或路上遇到的事情，例如劉叔家的牛不肯過水溝，害得劉叔牽著牠繞了一大圈；班上的大寶錯拿弟弟二寶的功課交作業，結果被老師罵……我講得眉飛色舞，父母聽得津津有味。

後來，我把每天的所見所聞寫成日記，這也讓我養成一個習慣，就是主動觀察和記錄每天的生活，因此總能挖掘出一些有趣的東西。

●記錄家長的聊天內容

我那個年代的學生生活，都是圍繞著家裡和學校，沒有網路，媒體也不發達，素材來源比較單一，但還是讓我發現了一個很好來源——家長的聊天內容。

每天晚飯後，家長們都會出來聊天，說一些家長里短，這時候我都會豎直耳朵聽，其中不乏有趣的內容，我就會記錄下來。

家長里短中的人物不僅有每天一起玩的朋友，還有各位叔伯阿姨，雖然很多事情我也知道，但是父母的看法和觀點總能讓我耳目一新。例如大寶因為撒謊被父親教訓這件事，原本還在為大寶感到憤憤不平，但聽到父母提到「騙人容易養成壞習慣」的看法時，就懂得大寶父親的用心了。

● 主動和同學分享

以前，課外讀物和廣播是我累積素材的重要管道，透過書籍和廣播，讓我拓展了視野，了解了很多日常接觸或想像不到的事情。那個時候大部分同學也看課外書和聽廣播，但我發現他們只是湊熱鬧，沒有將其變成自己的素材，這就是典型的只發掘、沒記錄。

我記錄這種資料的辦法是與他人分享，只要遇到有意思的事，我一定會告訴身邊的朋友。主動分享可以加深我對於素材的理解和記憶，甚至會轉化為親身實踐。

有一次，我看到課外書中看到一個，在盛滿水的碗中放入饅頭，結果水並不會滿溢出來的實驗。我分享給同學後，大家都不相信，於是幾個人頭頂著頭，圍著一碗水，一點一點的掰饅頭放進去，瞪大眼睛看著一整個饅頭都放進碗裡了，水卻沒有溢出來。

當週這個實驗就變成了作文題目，由於有細節、有想法，大家的作文都獲得了老師的讚賞。

因此，其實我們並不缺少素材，而是缺少記錄和累積的習慣。我們每天都會經歷很多事情、接收大量的資訊，這些內容原本都可以成為寫作資料，關鍵在於必須主動挖掘，找出有趣的內容後，更要主動整理、分享、記錄、累積成素材資料庫。

把素材變題材的六個步驟

很多寫作素材不是立刻就能拿來用，而是需要內化後才能使用，要運用這類型資料，就要掌握內化的步驟：

1. 明確某概念的原始定義是什麼。
2. 明確這個概念能解決什麼問題。
3. 用自己的語言描述這個概念。
4. 圍繞這個概念，嘗試舉出幾個例子。

5. 看看這個概念和其他概念有什麼區別或連結。
6. 看看這個概念有什麼漏洞，或是另有哪些與之相反的概念。

我們來舉個例子。特斯拉（TESLA）和太空探索技術公司（SpaceX）的創辦人伊隆・馬斯克（Elon Reeve Musk），曾經提出過一個「第一性原理」，要怎麼內化這個資料。

第一步，第一性原理是什麼意思？

網路上對這個原理的解釋是：打破一切知識的阻隔，回歸到事物的本源，思考基礎性的問題，在不參照經驗的情況下，從本源出發思考事物。

第二步，這個原理有什麼用？

在製造特斯拉電動車時，成本最高的零件是電池。研發團隊發現電池成本為六百美元／千瓦・時。但馬斯克運用第一性原理思考，把電池分為各種金屬元素及其他成分，再在生產線上進行優化，最終將電池成本降到八十美元／千瓦・時。

第三步，用自己的話解釋第一性原理的定義。

比如，第一性原理是指，面對一件複雜的事物時，要盡量將其拆分成更細緻的小區塊，減少或優化各區塊之間的連結，這樣可以大幅降低成本。

第四步，能不能舉幾個運用第一性原理的例子？

例如，課業問題經常讓我們焦頭爛額，這其中的第一性原理即是希望能考高分，而考高分是為了考上好大學，就讀好大學是為了得到好工作，好工作又是為了能有好的生活。想要好的生活，就需要有好的性格、專注力、進取心、熱愛生活。這就是自我教育的第一性原理，也許我們暫時成績不好，但可以培養自己具備這些特質。等到具備這些特質後，不僅能提高學業成績，而且能終生受益。

第五步，第一性原理和其他思想存在怎樣的關聯？

這時候仔細一琢磨，會發現電影《教父》（*The Godfather*）中有句經典臺詞：「在一秒鐘內看清一件事情本質的人，和花半輩子也看不清一件事情本質的人，自然會有不一樣的命運。」是不是和第一性原理很像？

第六步，這個原理有漏洞嗎？有沒有相反的說法？第一性原理真的這麼有用？適用於普通人嗎？任何事情都要分析本質嗎？分析的過程會不會太花時間？

經過這樣的過程，我們才算真的懂得這個概念，而能將其運用於生活。

最後，每天收集到很多素材資料，來不及處理怎麼辦？我的方法是準備一本專門記錄素材的筆記本，當有完整的一段空閒時間時，就打開筆記本來整理。

3 背誦有妙招，先找關鍵字

背誦是很多同學的軟肋（按：中國網路用語，指弱點或最在乎的事物）。不少同學很聰明，邏輯思考能力很強，但是背課文或英文單字很慢。有人說，這是因為邏輯思考能力強的人，死記硬背的能力弱，但其實不然，背誦是有方法的，只要掌握了方法，就可以輕鬆記住課文和單字。

課文太長背不起來？用關鍵字串聯記憶

對於很多同學來說，背課文是一項很痛苦的任務，不論是朱自清一千多字的散文〈荷塘月色〉，還是四百多字的〈岳陽樓記〉，又或者一、兩百個詞的《新概念英語》（*New Concept English*）課文，都可能要花費大家幾個小時、甚至幾天的時間來背誦。

曾經我也為背誦發愁，記住後面就忘了前面；睡前背好了，醒來又忘記了。這種情況一度讓我懷疑自己的腦袋是不是有問題。

幸虧班導師發現了我的問題，教了一個好方法——關鍵字串聯記憶，讓我變得能夠很快背下課文。這個方法包括以下四個步驟。

● 掃除障礙

背誦之前要先掃除各種障礙，像是生字、生詞、複雜句式。生字和生詞會讓我們在閱讀時綁手綁腳，無法集中精力在記憶上，而複雜句式會影響理解涵義。掃除掉這些障礙，可以節省精力，讓記憶更容易。

例如：〈荷塘月色〉裡「田田的葉子」中的「田田」是一個生詞，表示荷葉相連，必須先弄懂這個詞之後，才能明白「彌望的是田田的葉子」的意思，否則就只能死記硬背這句話。

● 拆分課文

大段背誦會讓人有心理壓力，這時就需要拆分課文，將整篇內容劃分為幾個部分，而我通常是按照段落來拆分。

例如，〈荷塘月色〉總共一千三百多個字，包含十個段落，就可以把前面七個段落劃分為七個部分，第八段和第九段很短，就和第十段合併為一個部分。這樣每個部分只有一百字至兩百字，會更容易背誦，而且每背熟一部分，就有一部分的成就感。這樣，我們就更容易堅持下去。

●找出關鍵字

在老師指出問題之前，我都是逐字逐詞的背誦，但這實際是錯誤的做法。背誦時應該先找出每個部分的關鍵字，然後透過這些關鍵字將其他內容串連起來，這樣就能把幾百個字的記憶量壓縮到十幾個字。

例如〈荷塘月色〉的第二段有一百一十五個字，我們可以提煉出四個關鍵詞，分別為「小煤屑路」、「幽僻」、「許多樹」、「月光」。

●拓展關鍵字

找到關鍵字後，我們可以將它們抄寫在小卡片上，然後往外拓展，把各種修飾詞、關聯詞都補齊。在這個過程中，記憶的內容會從十幾個字擴展到幾十個字，甚至上百個字，但每個拓展出去的字，都與關鍵字有某種關聯。

例如根據「小煤屑路」，從位置、形狀拓展出原文中的「沿著荷塘，是一條曲折的小煤屑路」，這樣就不用死記硬背課文，而可以有線索的推導。

大篇幅的課文更不適合死記硬背，同樣可以將其拆分成幾個記憶小任務，減少心理壓力，同時提煉出關鍵字，然後拓展出內容，將無意義的死記變成有意義的組詞造句。這樣更容易理解課文的意義，並能降低記憶難度。

背單字不能只靠重複寫，需要來一點「加工」

我高中時有個同學，他為了背英文單字，每天花兩個小時抄寫：一個單字寫十遍，一天用完一根筆芯，十幾頁草稿紙寫得滿滿的。但結果一個月下來，除了感動自己，單字還是沒記住幾個。為什麼？

這是因為背英文單字講求科學，記憶的過程是建立大腦神經回路的過程，在連續抄寫單字的過程中，大腦內的變化是：第一次抄寫，大腦建立對應單字的神經回路，然後回饋「我記下了」；第二次抄寫，大腦檢查神經回路，強化一下記憶，然後回饋「這個單字已經記過了」；第三次抄寫，大腦跳過確認步驟，直接回饋「記過了，不用再重複」。後續抄寫再多，也都只是做白工。

接下來，我的這個同學就進入自我感動階段：看，我抄了這麼多遍。但實際上，兩個小時後，大腦會忘掉五〇％的單字，一天後會忘掉七〇％的單詞。所以，這種簡單、連續、重複的抄寫，對背單字的作用微乎其微。

心理學家柯雷克（F.I.M. Craik）與洛哈特（R.S. Lockhart）提出了處理層次理論，即是資訊經過加工的程度越大，它轉入長期記憶的可能性就越大。這裡指的「加工」包括分析、理解、比較等精細化處理。

背英文單字真正有效的方法是深度加工單字，像是分析單詞、理解單詞、比較單詞等，這樣就能在大腦中建立不同的神經回路。另外，多次、間隔使用單字，也能不斷刺激大腦，加深記憶，具體的做法如下。

1. 抄寫單詞。分析單詞的寫法，找出特殊之處，建立第一個神經回路。
2. 分析發音規則。朗讀單詞，根據發音形成關聯的語音記憶，建立第二個神經回路。
3. 拆分單詞。找出詞根，連結其他的同源單字，建立第三個神經回路。
4. 學習字義。記憶單字的多個解釋，建立第四個神經回路。
5. 使用單詞。看範例造句，在大腦中營造情景，形成情景記憶，建立第五個神經回路。
6. 一天之後再重複這個過程，強化所建立的神經回路。

這樣，大腦就能被充分激發，為背誦單字建立一堆神經回路，這不僅有助於記住單字，還能幫助掌握單詞如何讀、如何寫、如何用。

第 8 章

臨場考試高分祕笈，我這樣上清華

考試是對學習的檢驗。

不少同學平時很用功，題目都會做，但考試成績經常不理想，

這很可能是因為沒有掌握正確的應考方法。

1 把練習當考試，考試就會像練習

考試過程就是解題過程，平時的做題練習可以為考試得高分打下基礎，單純的題海戰術並不一定能保證得高分。此外，做題也有技巧，掌握技巧是考試得高分的有力保障。

複習的關鍵在於重複，才能形成長期記憶

做題不僅可以鞏固學習重點，還能把知識記憶轉化為經驗記憶，讓記憶更牢固。尤其是高三階段，大家都分秒必爭，在時間相同的情況下，效率就尤為重要，下面是做題的小技巧。

1. **重複式練習**。避免一個重點只練習一次，也要避免只做新的題目。正確的做題方法是重複做，當天練習過的題目，應在第二天、下一週、半個月後、一個月後

分別再做一次，這樣有助於把短期記憶轉換為長期記憶。

2. **統一看答案**。避免做一題、對一次答案。這樣的做題效率很低，而且容易形成心理依賴，應要按照考試的習慣，做完一組題目之後，再統一看答案。

3. **多樣化練習**。避免只練習單一的題型，正確做法是從題海中選擇同一個學習重點的不同題型，例如單選題、多選題、填空題、問答題、證明題等。題型不同，難度往往不同。打亂順序，交叉做題，有助於全方位掌握重點。

4. **穿插學習重點**。避免針對單一重點連續做題，否則練習的廣度不夠，對時間的利用也不充分。做題時應該穿插各種不同重點的題目，可以加強對各重點的理解，有助於形成長期記憶。

5. **找最優難度**。把有限的做題時間留給那些位於「最優難度區」的題目。俄國心理學家韋考斯基（L.S. Vygotsky）提出過近側發展區（Zone of Proximal Development）的概念，即是學生的現有水準，和透過教學之後可能達到的水準，兩者之間的區域。我們在做題時也要找到自己的近側發展區，在難度合理的題目上發揮力量，不要浪費時間在怎麼也解不出來的難題，和太過簡單的題目上，這樣才能夠快速提升自己的水準。

總是漏看重點？用指讀法強迫集中精神

很多同學公式、原理都懂，但題目就是答不出來。看題目時過眼不過腦，總是丟三落四，遺漏重要的已知條件，這就是典型的讀題能力差。

要高效率解題，在閱讀題幹時可以採用指讀法，即是在閱讀時，指尖要滑過閱讀的文字下方，強迫大腦集中精神。這個做法的原理是，人類對肢體有天然的高關注度，平時我們都習慣用手來引導視覺焦點，火車和高鐵的司機為了保持高度注意力時，也會使用「手指口呼」的作業方式，做到手到、眼到、口到、心到。

指尖是對觸覺非常敏感的部位，指尖在文字下方滑動，有助於增強注意力。因此如果周邊環境比較嘈雜，或者自己心神不寧，尤其是在考場上察覺自己緊張、難以集中精神看題目時，就可以用這種方法快速集中注意力。

此外，手指可以讓定位更準確，不只能隨時停留在某個詞語上，還能倒退。而目光比較飄忽，就很難做到這一點。所以，指讀法非常適合閱讀有一定難度的內容，尤其是大題的題幹。即使到現在，我在審書稿的時候，遇到複雜內容時還是會不自覺的用這種方法。

在還沒有養成指讀的習慣之前，並不建議用筆代替手指，因為筆是肢體的外延，人對其的關注度不夠，再者，就算筆能控制得再靈活，也無法做到像手指一樣有本能反應，反而會額外增加大腦的定位負擔，且筆還會削弱手指的觸覺感受。

所以，在閱讀題幹這類重要內容時，使用指讀法的閱讀效率很高，在考試緊張或題幹比較長、內容比較難時，尤其推薦使用這種方法。只有讀清楚題幹、不遺漏重要條件，才能快速解題。

限制自己做題時間，提前適應考試壓力

高中時很多同學都羨慕我，說我考試時做題效率很高，一百二十分鐘的考試，我總是能六十分鐘就寫完。

除了做到深刻掌握學習重點，做過的題目比較多，熟悉各類題型之外，我平時做題還有一個小技巧，就是設置倒數計時。我會在每次做題前，看一眼手錶，給自己定下完成的時間，例如九點三十分開始寫，就一定要在十點整之前完成。

這個動作雖然小，但裡面的學問很大。由於設置完成時間會給自己帶來適當的緊張感，從腦科學的角度來說，這種緊張感可以刺激大腦的神經元，促使神經元保持在興奮狀態。在這種模式下，學習能力會顯著提升，記憶效果會更好。

而且自己設定目標，自己來完成，會把被動變成主動，在這種狀態下學習會更有熱情，而熱情則可以讓大腦充分發揮潛力，使學習效率更高。

有些同學在做題目時會出現拖延的情況，但設置完成時間，會有緊迫感，就會抓緊時間立即開始做。只要做了幾分鐘後，大腦被啟動了，就會進入行動興奮狀態，開始有幹勁，等到按時完成後會獲得成就感，學習動力也隨之增強。

然而最主要的是，**計時做題是考試的常態**。經常運用這種方式，**把做題目當成考試，把考試當成寫功課，這樣遇到大型考試時，較容易保持平常心**。尤其是現在的考試題量越來越大，如果沒有這種設定時間的刻意練習，很多同學連考卷都做不完，更別提要考高分了。

2 緊張、看錯、筆誤，怎麼避免？

每個同學對考試的感受不同，有的人不希望得到低分，害怕考試；有的人覺得考試沒用，極度厭惡；有的人則希望透過考試得到認可，所以喜歡考試。

以積極態度面對考試的同學，往往成績更好，因為只有積極面對一件事時，才能做好它。然而，要積極面對考試，首先需要了解為什麼要有考試。

● 考試是一種鞏固手段

我從高中畢業已經快三十年了，在元素週期表中，我記憶最深刻的元素是鐵。我對它的記憶如此牢固，是因為一場考試。

那是一場期中考的化學考試，依稀記得考卷最後一大題是要求計算氧化鐵還原為鐵的質量。我有解題思路，但是卻把鐵原子的相對原子質量忘記了。

那可是一道二十分的大題，如果沒有具體的結果，按照化學老師一貫的口號：「沒結果就是沒做完」，這題預估最多只能得五分。

我不停抓頭回憶做過的題目，前後翻試卷、找線索。一抬頭，十分鐘過去了，再次抬頭，二十分鐘過去了，時間如流水一樣，刷刷的過去。監考老師的提醒聲響起，離交卷只剩五分鐘了。突然，「56」像一根救命稻草般浮現在我的腦海中。天哪，終於想起來了。

就這樣，鐵原子的相對原子質量為56，質子數為26，中子數為30，我一直記到現在。所以，要想記得牢，考試是很好的方式。

大到期中考、期末考，小到隨堂小考，隨時透過考試來檢驗自己，這種有限度的緊張感，可以讓大腦更活躍，記憶更持久，學習效率更高。

很多老師為了強化學習效果，會在上課結束前進行五分鐘的小測驗，雖然只有五分鐘，但效果常常堪比自己複習一個小時。

● 考試是自我檢驗的方式

人通常很難正確的認識自己。作為學生，我們總有這樣的感覺：已經認真上課、寫作業了，就應該學會了；複習起來，感覺自己都懂，但實際考試時，往往只能得七、八十分。

這種自我高估是常態，此時就需要導正偏差，而考試正是一個系統、客觀的評估方式。

小型測驗和考試由任課老師出題，有助於檢驗一天或幾天內的學習效果。而會考、學測這種大型考試，由更為專業的老師和專家出題，更具有系統性，可以考核幾年內的學習效果。如果想正確評估自己的學習效果，就要多做這種大型考試的考古題。

● 考試是自我提升的途徑

好學校匯聚了更多優秀的老師和有趣的同學。例如在清華，我可以現場聆聽院士的授課，還可以與各省學霸成為同學。和優秀的人在一起，能更快提升自己。

雖然現在網路非常方便，可以上網觀看國內外優秀老師的教學影片，也能透過網路結交各種朋友，但是這種線上感受和實際直接接觸的差別還是非常大。

另外，對於普通人而言，要進入更好的學校，考試是唯一的方式。所以，考試也是自我提升的途徑。

●考試成績是學習的外在動機

經過十幾年的在校學習，成為一個有知識、有能力的人，然後步入社會，這是每個人的長期目標。為了有足夠的動力堅持下去，我們還需要許多短期目標。否則，長期目標久久無法實現，很容易讓人產生挫敗感。

考試就可以作為學習的短期目標，取得好成績就是對應的外在動機。即使沒有拿到非常優秀的成果，只是單純通過考試，也會帶來成就感。如果缺少成就感，就會逐步喪失學習能力。

消除緊張的方法：把緊張寫在紙上，然後扔掉

我當年在高考的前兩天，住在同學的親戚家，那時很擔心萬一考試時，把公式都忘光了怎麼辦？萬幸的是，同學親戚家的電視可以播放錄影帶，當時我深深的被電影《六指琴魔》吸引住了，居然前前後後看了好多遍，真正放鬆了兩天。

在進入考場前，我試圖回憶要點，發現大腦一片空白，但是一拿到考卷，一下子彷彿「智商歸位」，答題如削瓜切菜。

考前緊張是正常狀態，適當的緊張可以讓大腦處於興奮狀態，使記憶更牢固，學習效率更高，但過分緊張會起反作用。

過分緊張時，心臟會優先供應血液給軀幹及內臟，減少大腦的供血量。而供血不足，會導致大腦遲鈍。所以，越緊張就越想不起來，也就越容易做錯題。因此，考前盡量避免過分緊張，一旦出現這種情況，就要及時採取策略：

● 考前幾天

如果在考前幾天就開始緊張，可以先簡單調整，只看課本就好，降低學習強

度。如果還是緊張，就轉移注意力，出去跑跑步、看個電影，藉由改變周圍環境放鬆心情。

●臨考前

很多同學會在臨考前突然緊張，輕則沉默不語，重則直打冷顫。這時需要主動釋放緊張的情緒，可以拿出一張紙，把緊張情緒寫出來。要注意的是，只能寫當前的緊張情緒，寫其他的沒有作用。寫完後，把這張紙揉成一團扔掉，然後給自己一個心理暗示：把緊張情緒扔掉，就是把它釋放出來，心情慢慢就會平復。

●考試中

考試的時間有限，如果因為時間不足而緊張，同樣容易引發大腦空白，這時可以轉移注意力。

轉移注意力的方法有很多，一種是嘗試找到平時練習題目的感覺，如果還是緊張，可以用腹部呼吸法：閉上眼睛，用鼻子持續吸氣，感受腹部鼓起，再用嘴慢慢吐氣，感受腹部凹下。一次呼吸大約持續十五秒鐘，這樣呼吸幾次之後，自然就不緊張了。

● 考試後

考完試之後擔心自己寫錯，怕成績不好，也會導致緊張，影響後續的考試。這時候要盡快離開考場，避免環境帶來的影響。然後要注意不去核對答案，也不討論試題的解法，只專心準備後續的考試。

面對考試緊張時，大家有兩個常見的錯誤做法，第一個是壓抑緊張情緒。很多同學會在心裡默念「不能緊張」，父母會在旁邊安撫「不用緊張」，壓抑的結果卻是越來越緊張。

因為反覆提起「緊張」這個詞，會產生心理暗示，導致緊張情緒加重。正確的做法應該是轉移注意力，或釋放緊張情緒。

第二個是打破生活節奏。考前為了放鬆，有的同學選擇早睡晚起，儲備精力。這種做法也不可取。不要輕易調整考前的起居習慣，因為生理時鐘一被打亂之後，可能會造成身體不適應，反而更疲勞。

正確的做法是保持原有的起居習慣，降低學習強度，只要保證大腦在考試時處於興奮狀態，就可以了。

丟分就用「太粗心」來搪塞，只是自欺欺人

每次考完試，很多人都喜歡說一句話：「粗心了。」這句話可以用來解釋任何考試錯誤，畢竟誰都可能粗心，總不能因為這個理由就被責罰。

粗心了還能怎麼樣？只能下次小心，這樣就省去了各種事後的分析和糾正。所以，「粗心了」是偷懶和逃避處罰的最好藉口，也一度成為我的口頭禪。但在將幾次考試的錯題都整理到錯題本上之後，我突然發現「粗心」竟然沒有那麼簡單。

所謂的「粗心」，其實有很多種情況。

● 一看就會

在考場上花了很長時間都做不出來的一些題目，經常會在看到答案後恍然大悟：「哦，原來是這樣啊，粗心了。」

這其實不是粗心了，這只能證明我們對學習要點的理解還不夠深，掌握不夠

牢，如果只是「下次注意」，那下次遇到時還是會寫不出來。

對於這種類型的問題，我會先將錯題記錄到錯題本上，然後查閱課本和筆記，重新再看一遍。最後會再找一個類似的題目做一遍，之後還會定期翻閱錯題本，以加深印象。

●審題不清

有時為了趕時間，我會還沒看完題目開始作答。結果就是，題目要求周長，我寫的卻是面積。有時一看是熟悉的題目，就興奮起來，卻沒有發現出題人挖的「陷阱」，事後又拿「粗心了」來應付。但這實際就是審題不清。

遇到這種情況，我一樣會將題目抄到錯題本上，再將審題時忽略的部分標記上去，以提醒自己。同時，我會透過養成用指讀法逐句讀題的習慣，避免遺漏，尤其要避免在熟悉的題目中出錯。

●緊張

考場上大家都很容易緊張，尤其是發生一些意料之外的事情時。例如鉛筆芯突然斷了，重換筆芯之後再寫，思路已經很難接上，題目就很容易做錯。如果我們只是把這歸咎於「粗心了」，那下次遇到類似的情況時，還是會出錯。

為此，我也另外養成一個習慣，就是考試前會提早準備好備用筆，等到做完眼前的題目後，才來換筆芯。如果受到的干擾很大，我則是會從頭想一遍解題邏輯。

這個技巧我在考試時就用到了。在某一場考試中，大家正在低頭寫考卷，突然「砰」的一聲，監考老師口袋裡的打火機爆炸了，當時大家都被嚇一跳。我試著做了幾次深呼吸，然後從頭開始讀正在做的題目，並順著寫了一半的答案想了一遍解題方式，這樣就重新進入答題的狀態了。

● 各種筆誤

考場上還會出現各種筆誤，例如忘記寫姓名、學號，或是沒有按照要求將答案寫到對應的答題區等。這種錯誤就屬於真正的「粗心了」，我就透過養成各種習慣來避免。

1. 拿到考卷的第一件事就是寫名字和學號，避免交卷時慌張，填錯或漏寫。
2. 注意聽監考老師強調的事項，尤其是各種特殊的答題要求。

3. 塗答案卡時，我會五道題目塗一次，避免考卷和答案卡來回切換，導致塗錯位置。如果有跳過的題目，我就在考卷上做明顯的標記。

在考場上出錯的原因有很多，但千萬別用「粗心了」搪塞，因為這是在欺騙自己。只有仔細分析每道題出錯的原因，解決問題，才能不影響後續的學習和考試。

臨場考試高分秘笈

考試要拿高分，不僅要看平時的學習情況，還要看臨場發揮。考試和學習方法不同，有一些技巧能幫我們在原有水準下拿到高分，而這些技巧尤其適合成績中等的學生。

1. 確保會做的題目能百分之百拿到分數。對於填空題、選擇題，在有思路、知道怎麼做的情況下，要反覆斟酌，一個都不要錯。

2. 不要把希望寄託在寫完考試後的整體檢查上，盡可能一次就把題目做對。很多同學前面寫得匆匆忙忙、不認真，寄望最後檢查時會發現錯誤，以前我也是這樣，但後來發現這根本不實際。正確的做法是，做完一道題目之後就立刻檢查，確保沒有漏洞。這時題目的資訊還留在大腦中，檢查起來更迅速、更有效率。

3. 經常回憶自己犯過哪些計算錯誤，例如 0.1×0.1=0.1（應為 0.1×0.1=0.01）、17+28=35（應為17+28=45），這些看似小錯誤，其實是大問題，太多人反覆在這種問題上出錯。

4. 盡量用「偷懶」的方法做題，例如用特殊值法（按：數學的一種解題方法，解法是假設題中某個未知數為特殊值，再透過簡單的運算得出最終答案）、排除法等，快速找到選擇題的答案。

5. 注意單位。很多題目裡面有小花招，例如題目的單位都是小時，最後問的單位卻是分鐘。

6. 作文字跡要工整，如果字寫得不好，至少要大小一致。格子不用寫滿，可以留幾行空白完全沒問題，寫得太滿反而沒有格式美感。

7. 寫作文時如果發現時間不夠，可以採用兩種方法。第一種是多分段，可以獨句成段；第二種就算內容不完整，也要一定要寫結尾。

8. 上考場前先回想一遍常被扣分的地方，這樣做有助於胸有成竹的應對考試。

9. 不要糾結於一定要寫完最後一道大題組，因為通常最後一道大題組的第一題會比較簡單，拿到這題的分數即可，後面較難的題目如果完全沒有頭緒就別糾纏，直接放棄，把時間用在能得分的地方。

10. 數學大題不會做，但知道考的是哪個學習重點，可以把公式寫上去，也可以嘗試照著公式解一個答案出來，這樣說不定可以多拿幾分。

3 國、英、數、自四大科目解題大全

除了應對各類考場狀況外，對於不同的學科，還有一些目標性的念書和考試方法，例如做文科選擇題時的反推法等。當然，不同學科的方法技巧還有很多，本書主要介紹六種非常典型的方法。

文科的選擇題解法：反推和排除

文科選擇題有一個共同特徵：題目長，選項短。一般而言，做文科選擇題的常規方法是排除法，即是先看一遍題目，然後根據理解排除明顯錯誤的選項。

但是遇到高難度的選擇題時，排除法就很難發揮功能了。有更好的解決辦法嗎？有，反推法。這種方法可以解決九〇％的高難度文科選擇題，從而讓成績提升一個層次。

什麼是反推法呢？簡單來說，就是從選項反推題目，進而導出正確答案的一種方法。具體來說，就是從四個選項出發，一個一個去倒推題目，如果這個選項與題目的意思最相符，那答案通常就是這個選項。

以下舉一個二〇一九年高考考古題的例子。

登滕王閣，看「落霞與孤鶩齊飛，秋水共長天一色」；遊西湖，感受「水光瀲灩晴方好，山色空濛雨亦奇」。縱情山水之間，品味詩詞之美，「跟著詩詞去旅行」成為人們出遊新選擇。對此認識正確的是：

A. 遊歷大好河山，感受詩詞魅力，有助於深化文化體驗。
B. 以文塑旅，以旅彰文，傳承詩詞文化重在發掘其經濟價值。
C. 文化旅遊的發展取決於人們的文化修養。
D. 文化與旅遊相結合是文化創新的根本途徑。

解題步驟如下：

1. 用排除法，先排除觀點錯誤的 C 和 D。
2. A 和 B 是很容易被迷惑的選項，答案就在這兩個選項之中。

3. 用反推法，從選項倒推答案。根據題目和選項相符的命題原理，我們先假設B是對的，那題目中就一定要展現經濟價值。那麼，題目中到底有沒有提到發掘經濟價值？

4. 題目中只說到文化旅遊帶來的體驗感受，與經濟價值完全無關。所以，B選項與題目不符，正確答案為A選項。

反推法的本質其實是逆向思維的運用，它不同於一般從題目到選項的解題方法，而是從選項到題目反向推導。使用反推法可以節省大量的考試時間，選項短小時，只需要花費少量的時間，就可以找出關鍵字。這比從題目中找關鍵字更容易，也更省時間。

學數學也要有閱讀能力

我曾經和一個理科學霸討論過，要如何學好數學，因為對方的高考數學分數是一百四十八分，當年的滿分是一百五十分。

他出了一道難題給我：「數學不好的人，最缺的是什麼？」

我回答：「是大量的練習嗎？」

他說：「不是！缺的是數學閱讀能力！」

● 什麼是數學閱讀能力

數學閱讀能力主要表現在對觀念的掌握，他以三角正弦 sin 為例子，把學習觀念分成了以下三個階段。

1. 認識階段：見過 sin，但是不知道其具體涵義。
2. 理解階段：可以準確說出 sin 的具體涵義，即是在直角三角形中，∠A（非直角）的對邊與斜邊的比叫做∠A的正弦，記作 sinA。
3. 應用階段：不僅知道它的涵義，還可以用它來解題。

● 為什麼從觀念入手

因為數學跟語文不一樣，數學是透過各種抽象的觀念建立了一個世界，而觀念規定了這個世界的邊界和規則。

只有理解這些觀念，我們才能對這個世界有正確的認知，才能做到「到哪個山頭唱哪支歌」（按：指隨機應變）。如果缺乏理解，大腦會一片混亂，看著圓形，卻想著偶數和奇數。

● 如何透過觀念提高數學閱讀能力

要透過觀念提高自己的數學閱讀能力，可以從以下三個方面入手：

1. 看懂題目。看懂題目中的數學符號、圖形是什麼意思，這樣就可以先簡單歸納題目。

2. 會轉化。數學題目中往往包含著文字語言、圖形語言、數學符號。在看懂題目的基礎上，要再學會將這些語言轉化成自己的想法，找到解題的邏輯。

3. 找重點。題目中的重要資訊，就是解題的鑰匙。想要準確找出它們，不僅需要充分弄懂觀念，還需要學會各種解題技巧，並且大量練習。

如果我們努力學數學，卻得不到想要的結果，不妨先從概念入手，提高自己的數學閱讀能力。因為只有看懂題目，才能熟練應用各種解題技巧。

英聽答題技巧：用六個W預設題目結構

英文聽力恐怕是英文課程中最難的部分，大部分同學缺少相應的語言環境，導致平時的練習不夠。

我當年高考時，英文還沒有成為正式的考試項目，所以大家都不太重視英文聽力，直到上了大學後，我才開始正式練習。

那時我每天都花幾個小時聽各種英文資料，像是英文歌曲、英文廣播。當我信心滿滿的參加模擬測試時，卻發現題目還沒有聽清楚，音檔就結束了。幸虧同宿舍的學霸傳授了一些答題技巧，一個月後參加正式聽力考試時，就順利過關了。英文聽力的答題技巧如下圖。

●預設結構

英文聽力的考試內容比較固定，通常都是對話、記

回答英文聽力題的技巧

敘文或講話稿。不論形式怎麼變，其結構基本是固定的。

英文聽力的內容通常由人物（Who）、時間（When）、地點（Where）、事件（What）、方式（How）構成，串連起來就是：什麼人在什麼時間、什麼地點，用什麼方式，做了什麼事情。

> 在開始考試之前，需要在大腦中先預設這個結構，這樣在聽音檔和做題時，就可以下意識的去分辨相關的內容。如果是在播放音檔的過程中才來分辨資訊，就容易手忙腳亂。

● 預測內容

面對未知的聽力內容，我們很容易緊張。為了消除這種緊張，可以在開始播放音檔之前，閱讀題目和選項。透過閱讀這些內容，可以先了解考題是關於哪些方面，並按照預設結構歸類。

例如，可以找出題目和選項都出現了哪些人物、地點、事件，這將有助於確定聽力內容的範圍，明確聽音檔時的關注重點，從而消除緊張。同時，這還可以幫助我們更快進入預熱狀態。

●找關鍵內容

大部分聽力內容都有一個固定的表述規則，即是首句或首段說明主題或交代背景。在這個部分可以找到大量的關鍵資訊，例如人物、時間、地點、事件梗概。只要聽懂了這部分內容，大腦會自動結合這些關鍵重點，分辨後續聽到的資訊，使理解變得更容易。

另外，在開始播放音檔前一分鐘，就應該停止翻閱考卷，開始平復心情，集中精力準備聽題目。

●杜絕猶豫

大部分聽力考試中的音檔都會播放兩遍，但對於很多同學而言，用這個時間作答有一些緊張。所以，作答的時候一定要果斷，能夠確定答案的就不要猶豫。如果不確定，可以先把明顯錯誤的答案劃掉，便於後續篩選。千萬不能因為一個題目卡住，而影響後續題目的作答。

凡事豫則立，不豫則廢。針對聽力考試，有目的性的預測結構和內容、在重要位置找到關鍵重點，可以降低作答的難度。同時，快速做出判斷，跟上音檔播放進度，可以避免因小失大。利用這四個技巧，就可以充分發揮自己的正常水準，取得好成績。

用中英對照提升英文閱讀能力

英文閱讀曾經一直是我的弱項。有人說：「要做好英文閱讀，首先要背英文單字。」聽到這種話之後，我就開始瘋狂的背單字，但發現背得越多，忘得也越多。

又有人說：「要先了解文法，才能讀懂內容。」我就去補充文法知識，但提升效果還是不明顯。

最後實在受不了了，我就去問老師：「到底如何才能提升英文閱讀能力？」

老師想了想，給了我一本中英文對照的小冊子，說：「你就按照這樣的方法，試試英譯中吧。」

1. 快速讀一篇文章，把生字畫出來。如果一百個單字中有五個以上的生字，就需要先查明它們的詞義。
2. 仔細閱讀文章，將文章通篇翻譯為中文。
3. 對照自己翻譯的中文和範本，將不同之處畫出來。
4. 結合英文原文，找出出現不同的原因，弄清楚是對單字的意思理解有偏差，還是文法理解有誤。

按照這個方法，我用了一個月的時間，將小冊子上的一百篇文章全部翻譯了一遍，英文閱讀能力果然顯著提升。

之後面對英文考試中的閱讀題，我能做到九〇％以上的正確率。英文閱讀能力提升後我才發現，英文閱讀是單字、文法在一個特定語境中的綜合應用。這種方法為什麼這麼神奇呢？

● 在環境中記單字

我以前記單字都是死記硬背，雖然都有提供簡單的例句，但都是沒頭沒尾的一句話，沒有具體的場景。而一篇文章往往講述了一個故事，有完整的情節，能讓我們對單字的記憶更深刻。

例如，《新概念英語》第二冊的第七課中有一段話：「When the lane arrived, some of the detectives were waiting inside the main building while others were waiting on the airfield.」其中的detectives（偵探）一下就讓我的腦海裡浮現出穿著黑西裝、一臉漠然的大漢形象。而例句「A private detective had been tailing them for several weeks.」就沒有任何情節，顯得乾巴巴的。

●透過對比學習語法

中文和英文既具有很多相似的地方，也有很多不同之處。基於中文的基礎，我們可以進行對比性的學習，這有助於掌握英文的文法。

例如在中文裡，主詞是名詞和代名詞，這在英文中同樣適用，所以英文裡的動詞必須轉化為動名詞，才能作為主詞使用。

我們還可以透過對比確定中英文的不同處。例如中文必須使用數詞（按：表示數目和次序的詞）才能表示多個，而英文可以直接用複數形式來表示多個。

掌握了中文和英文的不同處，就可以避免一些常見的錯誤。

●主動性學習

以前的英文閱讀課都是老師在臺上講，我在臺下聽，整個過程中我的思維都是跟著老師走，是在被動的學習。當時雖然聽懂了，但很容易就又忘記了。

現在用了這種方法，我都是主動學習，主動找生詞，結合上下文推敲意思；主動分辨文法結構，看懂句子之間的關係。同時，這樣的學習過程也更有趣一些。

這種方法非常適合沒有英文交流環境的同學，它可以幫助加強對單字的記憶，和理解文法的使用技巧，讓英文學習過程更主動、有趣。

讀化學，掌握考古題比鑽研難題更有用

化學被稱為「隱藏在理科中的文科」，因為化學中有一大堆定律要記，例如臭雞蛋氣味、溶液顏色、酸鹼性等。

高中時，我的化學成績從來沒有低於一百三十分過（滿分一百五十分），我是

如何做到的？

● 把化學當成語文

剛開始學化學時，我發現大部分化學知識都是零散的。例如鐵離子是三價的，對應的溶液是黃色的。這些知識看起來互相沒有任何關聯。比較好的記憶辦法是，將這些知識像記語文的古詩詞那樣背下來，我的方法是製作小卡片，將學到的各種內容按照類型分別記下來。

例如，將與鐵元素相關的各種重要都抄下來：純鐵是白色的，鐵粉是黑色的，鐵粉在純氧中會劇烈燃燒等。每次上課前，我都會把課程涉及的內容複習一遍，課後再重新整理一下小卡片，增加對應的新內容。

● 繪製知識網

當學習時間長了之後，我就開始發現各種規律了。例如，氦、氖、氬、氪、氙都是惰性氣體，具有相同的化學性質；氟、氯和硫、氮能形成兩類不同的酸的分子形式。

這些學習重點可以串連起來繪製成知識網，每次課後再將新學到的內容添加進知識網中，每週都重新繪製一遍。

● 練習考古題

由於化學內容繁雜，可以延伸的角度很多，有的講義會出很多偏、怪、難的題目，如果花大量時間在這些題目上，可能於考試也無用，只是白白浪費精力。所以，練習時要以考古題為主，只要把近幾年的考古題都弄懂了，就能考出高分。

● 錯題本很重要

化學的學習重點很零碎，容易遺漏、記錯，如果背錯了，往往需要花大量的時間來糾正。

當初，我把二價鐵離子溶液和三價鐵離子溶液的顏色搞混後，花了整整一個月的時間才糾正過來。所以，要為化學準備一本很厚的錯題本，將每次出錯的題目、錯誤的答案和錯誤原因都記錄下來，每週至少翻看一次，及時糾正。

另外，還要定期檢討常見的錯誤類型，例如錯記酸鹼性。一旦發現，就需要集中火力加強複習。只要抓住化學的特點，多記憶、多畫圖、多做題、多檢討，就能高效學好化學。

從生活中的具體事物學習數學和物理

數學和物理是很多同學覺得非常困難的兩門學科，尤其是在中小學的啟蒙階段，因為很多現象非常抽象，需要有充分的想像力和創造力，才能夠真正掌握數學和物理知識。

還有在上課時，老師會過於重視傳授知識本身，而忽略了給學生應用和把學習經驗套用在另一個學科的機會，導致形成費曼所說的「脆弱不堪」的知識。

科學思維的培養不是一蹴而就的，必須透過各種方法不斷啟發深度思考，才能夠形成自己的思維工具。

● 用具體的事物來理解數學知識

費曼在《你管別人怎麼想：科學奇才費曼博士》（*What Do You Care What Other*

People Think?）中，記錄了他的父親如何透過生動形象的語言，來形容一隻恐龍：「恐龍的身高有二十五英尺（七．六二公尺），頭圍有六英尺（約一．八三公尺）。」這就相當於恐龍站在院子裡時，牠幾乎搆得著二樓的窗戶，但是牠的頭卻進不來，因為牠的頭比窗戶還寬。

我們在學數學時，總是只把那些數字記號停留在書本上，很難對真實事物有具體的認識，這些知識就失去了實際意義。

在日常生活裡，我們可以抓住一些機會，訓練自己對數學知識的理解，例如在超市買菜結帳時、用杯子裝水時、甚至是下課排隊時，都可以用到數學知識。

●留心觀察生活中的物理現象

我們在課堂上會學習到很多物理概念和定理，這些抽象的概念和定理，其實都能在生活中得到印證。

費曼的父親從小就培養他留心觀察生活中的現象，並且啟發他思考這些現象的產生原因。

有一次費曼在玩馬車玩具，馬車玩具的車斗裡有一個小球。他注意到，拉動馬車玩具時，小球會向後滾動，停住馬車玩具時，小球又會向前滾動。

他去問父親這是什麼原理，他的父親讓他在旁邊重新觀察，在馬車玩具開始運動時，小球相對於地面往前了一點，這是因為「慣性」的存在，靜止的物體總趨於保持靜止。

生活中其實處處都能觀察到慣性的存在，汽車突然剎車時人會向前衝，所以乘客需要時刻繫緊安全帶。

● 成為一個充滿好奇心和探索欲的人

我們學習科學，並不是一定要成為科學家。中小學階段的學習，能建構對自然世界的初步認知。學習科學還可以讓我們成為一個對世界永遠保持好奇的人，不斷向自己提問，並通過學習尋找問題的答案。

費曼曾經看到表哥在做一道代數題目，他的表哥只掌握了一種解題方法，並沒有真正的懂得代數。但費曼試圖用不同的方法來解這道題，不斷探索的好奇心，還驅使著當時才十三歲的他，去圖書館借閱了《實用微積分》這本書來看。

一開始費曼的父親還能夠指導他學習，但是後來費曼完全超越了父親。這就是不斷求知之後所達到的新高度。

在網路發達的今天，我們應該比費曼當年有更多、更便捷的管道得到資訊，進行自學，但是如果沒有好奇心和探索欲，有再多的資訊又有什麼意義呢？

國家圖書館出版品預行編目（CIP）資料

費曼學習法，我這樣考上清華／張增強（寫書哥）著. -- 初版.
--臺北市：大是文化有限公司，2022.12
304 面；14.8×21 公分.（Think：243）
ISBN 978-626-7192-59-7（平裝）

1. CST：學習方法　2. CST：讀書法

521.1　111016504

Think 243

費曼學習法，我這樣考上清華

作　　者／張增強（寫書哥）
責任編輯／宋方儀
校對編輯／連珮祺
美術編輯／林彥君
副總編輯／顏惠君
總 編 輯／吳依瑋
發 行 人／徐仲秋
會計助理／李秀娟
會　　計／許鳳雪
版權主任／劉宗德
版權經理／郝麗珍
行銷企劃／徐千晴
行銷業務／李秀蕙
業務專員／馬絮盈、留婉茹
業務經理／林裕安
總 經 理／陳絜吾

出 版 者／大是文化有限公司
臺北市 100 衡陽路 7 號 8 樓
編輯部電話：（02）23757911
購書相關諮詢請洽：（02）23757911 分機 122
24小時讀者服務傳真：（02）23756999
讀者服務E-mail：dscsms28@gmail.com
郵政劃撥帳號：19983366　戶名：大是文化有限公司

法律顧問／永然聯合法律事務所
香港發行／豐達出版發行有限公司 Rich Publishing & Distribution Ltd
地址：香港柴灣永泰道 70 號柴灣工業城第 2 期 1805 室
Unit 1805, Ph.2, Chai Wan Ind City, 70 Wing Tai Rd, Chai Wan, Hong Kong
電話：21726513　傳真：21724355
E-mail：cary@subseasy.com.hk

封面設計／孫永芳　內頁排版／江慧雯
印　　刷／鴻霖印刷傳媒股份有限公司

出版日期／2022 年 12 月初版
定　　價／新臺幣 390 元（缺頁或裝訂錯誤的書，請寄回更換）
I S B N／978-626-7192-59-7
電子書 ISBN／9786267192542（PDF）
9786267192559（EPUB）